エースの翔道

はじめに

２０２０年の６月から
スポルティーバで
自分のバレー人生を辿《たど》る連載が始まり、
こうして一冊の本になることに
まだ実感が湧きません。
あらためて振り返ると
「険しい道を選んできたな」と
我ながら思います。
悩んで選択した先に何が待っているか
誰にもわかりません。
時には挫折することもありましたが、
その道に進んだことを後悔しないように
努力して成長につなげてきました。
応援してくれているファンのみなさん、
この本で「西田有志」という人間を
初めて知る方にも楽しんでもらいたい。

そして、少しでも勇気や元気が出る
きっかけになればうれしいです。
お世話になった指導者の方々、
日本代表やジェイテクトのチームメイト、
そして両親への感謝を込めて。
21年間の歩みをここに残します。

２０２１年夏　西田有志

MIKASA

エースの翔道

目次

COLOR PAGE

【3rd SET】

【4th SET】

【Final SET】

SPECIAL SET

1ページと184ページのイラスト、9ページの題字は、
マンガ『ハイキュー!!』作者の古舘春一先生の描き下ろしです。

【1st SET】

幼少期から高校卒業まで

生後5カ月からコートに

西田は２０００年1月30日、三重県四日市市の病院で産声を上げた。４２１０ｇのビッグな赤ん坊は、画数などから「有志」と名づけられた。

西田には8歳上の姉と、6歳上の兄がいる。西田が生まれた年に、2人は自宅近くにあるいなべ市のバレーボール少年団（男子は「大安《だいあん》ビートル」、女子は「大安ジュニア」）に入った。その練習を見守る両親は、生後5カ月くらいから西田を体育館に連れてきていたため、物心つく頃にはバレーボールを手に遊んでいた。

西田が幼稚園年長の5歳の時、小学校6年生の兄は卒団を迎えようとしていた。本来は小学生でなければチームに入れなかったが、西田の「お兄ちゃんと一緒のチームでやりたい！」という訴えに、指導者が「そんなに言うんだったら、少し早く入れてあげる」と、就学前に入団させてもらうことになった。

兄と一緒のコートに立つ願いが叶ったあとも、大安ビートルで週3回の練習に参加した。西田本人は、「やりたかったというよりは、バレーボールをすることが普通という感じでした」と振り返る。チームのマスコット的な存在で、何をしても褒められるため、楽しくて仕方がなかったという。

西田の両親は、共に実業団のバスケットボール選手だった。にもかかわらず、子供たちをバレーのチームに入れた理由について、母の美保さんは次のように話す。

「最初はやはりバスケをやらせたいと思ってチームを探しましたが、指導方針が合うチームが見つけられなかったんです。（元選手の）私たちが口出しをしてしまってもよくないから、『ほかのスポーツをやらせよう』ということになって。それで大安ジュニアと大安ビートルを見学させてもらったら、『勝つ』ことより、『挨拶をする』『靴を揃える』といった礼儀などを先に教えてくれるところでした。このチームなら安心して子供たちを預けられる。私も夫もそう納得したんです」

もし、両親が納得するバスケットボールチームがあったら……今ごろ西田は、バスケ選手として世界を驚かせていたかもしれない。

小学生で抱いた夢

続けて美保さんは、当時の西田について「やんちゃ坊主でしたよ」と目を細めた。

「クリクリ頭で、そこらじゅうを駆け回っていました。私が仕事で家を空ける時には有志を近所の方に預けていたのですが、『有志くんが田んぼの中を走り回ってる！』など、しょっちゅう電話がかかってきましたね（笑）。いつも『叱ってやってください』とお願いしていました」

有り余る元気を大安ビートルの練習に注いだ西田は、小学校2年生の頃から試合に出場するようになり、３年生でレギュラーになった。ポジションはライト。左利きを生かすポジションだ。

その夏、初めて日本代表を意識する出来事があった。男子チームが16年ぶりに五輪出場を決めた、２００８年の北京五輪。西田は初めて見るオリンピックのバレーボールの試合に夢中になった。特に、自分と同じ左利きのオポジット、清水邦広《くにひろ》に目が吸い寄せられた。当時の代表最年少の21歳で奮闘する若きエースの姿を見て、「僕も清水さんみたいになって、オリンピックに出る！」と、家族に宣言したという。

大きな目標ができた西田は成長し、４年時には第29回全日本バレーボール小学生大会三重県大会で優勝。全国大会にも出場した。学年を上げるごとに、県内で屈指の強豪チームの主力選手になっていったが、５年生から6年生に上がる時に行なわれた新人戦グループ戦の試合で、思わぬ苦戦を強いられる。

西田のスパイクが何度もブロックされ、つい弱気になってフェイントで逃げることがあった。それは難なくレシーブされて得点を許し、チームも波に乗れず敗戦した。

その試合後、美保さんは西田に対して「点を取る役割のお前が、できもしない逃げのフェイントをしてどうするの！」と厳しい声をかけた。さすがに西田も落ち込んだが、「どんな時でも、自分が打って決められるようになればいいんだ」と決意し、より練習に励むようになった。

6年生では主将を務め、三重県クラブバレーボール連盟の会長杯で優勝するなどチームをけん引。この頃には身長が160cmを超え、ジャンプをすると自宅の居間の天井に手が届くようになったという。

少年団でも「サーブは攻めろ」と指導されていたが、「（当時は）そこまでサーブが武器ってわけではなかった」とのこと。「でも、地肩が強くて、スパイクはけっこう強いのを打っていたと思います」と振り返る西田は卒業後、強豪ではない地元の中学校に進み、さらに大きな成長を遂げることになる。

3チームを掛け持ち

小学校時代、地元のバレーボール少年団「大安ビートル」で活躍した西田は、２０１２年4月に大安中学校に入学した。やはり地元のいなべ市にある中学校だったが、西田は「ちょっと遠い地区に強い中学校もあったんですけど、全国の強豪というわけではなかったですし、こだわりもなかったので」と進学先を決めた理由を話す。

中学でもバレーボール部に入ったものの、チームメイトには、先輩も含めて小学校時代からバレーを経験した者がいなかった。また、監督もバレー未経験者だったため、西田が指導者の役割も果たすようになっていった。

「（実質的に）指導者がいない状態だったので、僕が教えないといけなかったんですけど、自分ができないと説得力がないじゃないですか。だから、まずは自分がさまざまなことを習得して、それを周りに教える。そういうことを中学1年の時からずっとやっていましたね」（西田）

1年生からレギュラーで試合に出ていた西田は、夏前に三重県四日市市にある海星高校バレー部の練習に参加する機会があった。そこでのプレーが、当時のバレー部監督の大西正展《まさのぶ》、部長の藤田勝成の目に留まった。

のちに海星で西田を指導することになる大西は、西田の第一印象について「そんなに覚えてないんですよ（笑）。身長もそんなに大きくなかったですし」と頭をかく。しかし、自分が指導する高校生たちに引けを取らない西田の姿を見て、すぐに「うちの学校に進学してくれないかな」と思ったという。

同年6月には、藤田の勧めで中学生クラブチーム「ＮＦＯ オーシャンスター」に入団。部活動と並行して、海星で行なわれるクラブの練習、さらに海星バレー部の練習にも定期的に参加するなど、３つの掛け持ち状態になった。ちなみに、ＮＦＯ オーシャンスターの「ＮＦＯ」とは、三重県バレーボール協会の役員を務めていた中尾聡、藤田、大西と、クラブの創設者であり指導者を務めた３人の頭文字を取ったもの。西田はその１期生になった。

強豪8校からの勧誘に断り

バレー漬けの生活を送っていた西田は、２０１３年3月に三重県・北勢地区の選抜チーム（U－14）に選ばれる。さらに、２年生になった同年8月には三重県選抜に選出され、12月に開催されたＪＯＣジュニアオリンピックカップ（ＪＯＣ杯）で全国の選抜チームと対戦した。

西田は「レベルが高くて、すごく勉強になった」と振り返ったが、ほかの選手よりも自分のほうがジャンプ力が高いことに気づいたという。

「練習方法を変えたわけではないんです。ただ、『とにかくブロックの上から打ちたい』という一心でジャンプしていたからかなと思います」

小学生の時は自宅でジャンプの練習をしていたが、中学時代は練習の掛け持ちが能力を伸ばした。海星高校バレー部の練習は、ネットの高さが2m40㎝で行なわれており、中学生男子のネットより10㎝ほど高かった。そこに参加していた西田は、最初はなかなかアタックがネットを越えず苦労したものの、めげずに打ち続けているうちにジャンプ力が上がっていき、中学の試合では悠々とネットの上から打てるようになっていたのだ。

西田は3年生でも三重県選抜としてＪＯＣ杯に出場。全日本中学選抜にも選ばれて合宿にも参加したが、腰を痛めていてほとんど練習ができず、「けっこう悔しい思い出です」と苦笑する。それでも、中学卒業が近づくにつれて近隣の強豪校からの勧誘が多くなっていた。

具体的には、現日本男子バレーの絶対エース・石川祐希を輩出した星城高校（愛知県）や、三重県の全国常連校である松阪工業高校など8校。このうち星城には練習を見学するため足を運んだ。

西田は、星城を史上初の高校6冠（インターハイ、国体、春高を2年連続制覇）に導いた石川の大ファンになり、部屋にはポスターを貼って、髪型もシューズもマネしていた。中学の部活動では2年生から主将を務め、指導にも奔走する息子の姿を見ていた母の美保さんも、できれば星城に入学し、より恵まれた環境で全国を目指してほしいとひそかに思っていたという。

しかし、西田が入学する時には石川は高校を卒業しているため一緒にはプレーできない。石川がいた高校に進むことも魅力的だったが、「勝って当たり前のチームに入るのではなく、自分の力で強くして、強豪チームを倒したい」という気持ちのほうが大きくなっていった。

そこで進路の選択肢に上がったのが海星だった。海星はそれまで、春高バレーなど全国大会に出場した経験がなく、星城に比べると力は落ちる。両親は悩んだが、中学3年の秋に海星の大西、三重県バレーボール協会の役員である中尾が大安中学を訪れ、西田と両親も同席して面談を行なった。

それを踏まえて両親とあらためて相談した末に、西田は海星への進学を決めた。小学生の頃から持っていた「自分の力で勝つ」という信念を貫いた西田は、勧誘を辞退する形になった名門・松阪工業を相手に、厳しい全国への道を歩むことになった。

守備の要としても活躍

2015年4月、西田は中学時代に練習に参加していた海星に入学した。バレー部ではすぐに試合に出て、さっそく4月に行なわれた三重県高等学校春季バレーボール大会の準優勝に貢献した。

当時の海星の監督は、中学時代にクラブチーム「NFO オーシャンスター」で西田を指導した大西。大西は自らが勧誘した西田について、「将来、上のレベルでプレーするには、セッターかリベロだろう」と考えていた。高校入学時の西田の身長は180㎝。まだ身長が伸びる可能性もあったが、バレーボール選手としては決して高くない。大西は今のようにVリーグ、国際大会で通用するアタッカーに成長するとは思っていなかったという。

将来的なポジションの変更を大西が考えたのは、西田のサーブレシーブのうまさを知っていたこともある。左利きの西田は右からのほうが打ちやすいこともあり、ポジションはセッター対角の「オポジット」だった。いわゆる〝攻撃専門〟のポジションだが、大西は西田をサーブレシーブに入らせ、守備の要にもしたのだ。

「点を一番取るので、相手チームは西田を潰そうとサーブで狙ってくるんですが、内心『しめしめ』と思っていました。西田はきれいにレシーブを返しますから。近年のオポジットとしての活躍ぶりを見ると、サーブレシーブをさせたのはストレスになっていたのかな？高校の時にもサーブレシーブを免除してやればよかったかな？とも思いますけどね」

チームは県内の大会でも好成績を残していった。ただ、２０１６年2月の三重県高等学校新人バレーボール大会、2年生に上がったばかりの4月の春季大会、5月の三重県高等学校総合体育大会（インターハイ県予選）と、いずれも準優勝に終わる。全国大会の常連で、三重県の強豪・松阪工業が立ちはだかったためだった。

王者打倒を果たすため、西田は練習環境を変えていた。高校2年時の4月に、地域のクラブチーム「ヴィアティン三重」のバレーボール部にU－19とU－14が設立され、西田は高校での部活とU－19チームの練習を掛け持ちすることにした。ヴィアティン三重のGMは、大西と共にNFO オーシャンスターで中学時代の西田を指導した中尾である。

U－19チームは天理大学バレー部との合同練習を行なうこともあったが、西田は大学生にも引けを取らないパフォーマンスを見せていたという。6月には三重県ヤングバレーボール選手権大会U－19男子の部を制し、9月の全国大会でも優勝。その大会で優秀選手として「日本ヤングクラブバレーボール連盟賞」を受賞した。

10月に岩手で開催された国体の三重県代表メンバーも、ほとんどがヴィアティン三重の選手だった（結果はベスト16）。結果を残していたU－19チームだったが、部活動がある中で人数集めに難儀したこともあり、この国体終了後に解散となった。

県内の王者を相手に「一番の挫折」

西田は、同時に日本代表のユース合宿でも腕を磨いていた。

ユース入りのきっかけは高校2年時の春、海星高校バレー部が行なった練習試合にあった。相手は、石川らを輩出した星城高校と、元日本代表キャプテンの荻野正二《おぎのまさじ》や清水を輩出した福井工大福井高校。その試合で西田の活躍に目をつけたのが、福井工大福井の西田靖宏《やすひろ》監督だった。

西田監督は、西田本人には「いい名前だね（笑）」と同じ名字であることを話しただけだったが、星城高校の竹内裕幸監督に対しては「あれは逸材ですね」と驚きを隠さなかった。竹内監督はユースのコーチも兼任しており、当初は西田をユースメンバーに入れる構想はなかったが、西田監督が「彼はもっと上のレベルでプレーさせるべき」と強く推薦。それもあってか、竹内監督はユースの本多洋《ひろし》監督（崇徳《そうとく》高校バレー部監督）などに西田を紹介し、ユースメンバーに呼ばれることになったのである。

中学時代と同じように、3つのチームで練習に励んだ西田は、11月の三重県高等学校選手権大会（春高県予選）に臨んだ。海星は順調に勝ち進み、決勝で宿敵の松阪工業と対戦。試合は松阪工業に先行される苦しい展開から、セットカウント2－2に追いついてフルセットに持ち込んだ。

　しかし最終セットの途中、西田の体力が限界を迎えた。高校生の通常の試合は3セットマッチだが、春高出場をかけた決勝だけは5セットマッチになる。エースとして、試合開始から全力でスパイクを打ち続けた西田の体が持たず、両足がつってベンチに下がらざるを得なかった。

　その後もコートに戻ることはできず、松阪工業の勝利を見ることしかできなかった。試合後、号泣する西田に対して、母の美保さんは「お前のせいで負けたんやぞ！」と叱責したという。

　かつて実業団でバスケットボールをプレーしていた美保さんは、勝負の世界の厳しさをよく知っている。西田も、「スポーツでは厳しい指摘は当たり前のことです。自分の力のなさを感じましたし、それまでの自分が甘すぎました」と振り返る。

「海星は全国に出たことがないチームだったので、先輩をはじめチームメイトをその舞台に連れて行きたかったですし、僕自身も行きたい気持ちが強かったので……。その時が、これまでに一番の挫折を味わった瞬間かもしれません。あの敗戦のあとは、プレースタイルじゃなく、練習方法、食事などから自分を変えていきました」

　西田は部活動の練習がない日も、公共の体育館に行ってウェイトトレーニングをするようになった。また、食事も好物の肉ばかり食べていたのが、「アスリートとして何を食べたらいいのか、五大栄養素なども考えるようになりました」と、野菜も積極的に取るようになった。

　春高予選敗退後にチームの主将も任された西田は、「松阪工業を倒して全国へ」という目標達成に向けて、最終学年の３年生を迎える。

大会前から準備した対策

　３年生になった主将の西田は、悲願の三大大会（インターハイ、国体、春高）本戦初出場に向けてチームをけん引し、２０１７年5月に開催されたインターハイ予選の三重県高校総体に臨んだ。

　海星は順調に勝ち進み、決勝はやはり松阪工業との対戦になった。何度も苦杯をなめさせられてきたライバルを相手に、海星は大会前からある対策を講じていた。西田は当時をこう振り返る。

「松阪工業には絶対的なエースがいたんですが、その選手以外にできるだけ得点されないようにしようとチームで決めたんです。僕たちは身長が大きくなかったですし、ブロックのシステムなどもなかったですから、とにかくワンタッチを取って拾うといった技術を練習で高めていきました。チーム全体のレシーブ力も上げられたと思います」

その策がハマり、第１セットを海星が先取する。第２セットは奪い返されたものの、西田が「ペースはずっとこっちが握っていた」と話すように、鍛え上げたレシーブを軸に徐々に絶対王者を追い詰めていく。第３セットの最後はエース・西田がバックアタックで締め、海星史上初の全国大会出場を決めた。

２０１７年７月に山形県で開催されたインターハイは、１年時から目標にしてきた舞台だ。その初試合の相手は、リーグ戦で同組になった北海道代表の東海大札幌高校。第１セットをデュースの末に落とすと、第２セットを取ったものの第３セットを奪われて敗れた。

大舞台での硬さ、プレッシャーがあったのかと思いきや、西田は「そういうのは、まったくなかったです」と笑う。

「東海大札幌は全国でも有名なチームで、僕たちはまったくの無名校。自分たちがやれることをやるだけでした。僕たちをマークする高校なんてなかったでしょうし、緊張もせず楽に試合ができましたよ」

「俺らに期待してる人はおらん」

海星は、続く相馬高校（福島）をセットカウント2－0で破り、インターハイ初勝利と共に決勝トーナメント進出を果たす。トーナメント初戦の相手は、全国大会常連の強豪・東福岡高校（福岡）だったが、やはりエースに気負いはなかった。西田はチームメイトたちに「ええか、俺らが東福岡に勝てると期待してる人なんて誰もおらんで。何も気にしなくてええんや。力む必要なんて一切ないから、思い切ってやろう」と声をかけたという。

東福岡には、ユースの日本代表で互いを高め合った選手がおり、それも西田の闘争心に火をつけた。全国では無名の海星が、セットカウント2－0で優勝候補の東福岡に土をつけるという波乱の展開に、会場がざわついた。

続く2戦目で対戦した大阪の古豪・清風高校は、東福岡を破った海星に対して油断なく、サーブを西田に集めて崩しにかかる。しかしサーブレシーブも得意で守備の要でもあった西田はものともせずに拾いまくり、それを強烈なスパイクで得点につなげていった。

海星は第1セットを先取されたが、第2セットをデュースの末に奪い、その勢いで第3セットも制して逆転勝利。攻守で獅子奮迅の活躍をした西田だが、2年時の春高予選決勝でガス欠になって以来、体作りに力を入れてきたこともあって最後までプレーの質は落ちなかった。

次戦で千葉代表の習志野高校に敗れた（セットカウント０－２）ものの、初のインターハイでベスト16。海星が堂々たる成績を残すことができたのは、もちろん西田の活躍もあったが、もうひとつ要因があった。西田が２年時の秋に、海星から日本体育大学を経てＶリーグの大分三好《みよし》ヴァイセアドラーでプレーした井口拓也が、バレー部のコーチに着任したのだ。

井口は当初、西田について「三重県ではなかなかいないレベルだけど、全国では普通かな」と感じていたそうだが、「もっといい練習をさせてもっと鍛えれば、まだまだいけるんちゃうか」と期待も大きかったという。井口は西田だけでなく、自身が日体大やＶリーグで経験したトレーニングや練習メニューをチームに課した。それが松阪工業を破る守備力だけでなく、ジャンプサーブを多用するなど攻撃力も向上させ、インターハイ初出場、ベスト16へとチームを導いた。

井口は「春高ではもっと上に行こう」と目標を立て、チームのピーキングを春高本戦に定めた。

ピーキングはスポーツにとって非常に大切な要素だ。男子バレー日本代表を例にとると、２００８年の北京五輪で16年ぶりにオリンピックに出場したが、本戦では１勝もできずに

５戦全敗で予選敗退となった。大会後、出場選手たちは「オリンピック予選を勝ち抜くことだけを考えていて、そこがピークになってしまった。本戦で自分たちはピークを越えてしまっていたが、他国は本戦にピークを持ってきていた」と口を揃えた。

予選も温存するわけではないが、そこで力を使い果たすのではなく、春高本戦で勝ち進むためにチームの調子を徐々に上げていく。「春高に出場するだけでなく、そこで勝ち進むことを考えていた」という西田も本戦にピークがくるよう調整し、春高出場をかけた高校最後の戦いに臨むことになった。

最後の春高予選での気負い

２０１７年７月のインターハイで、初の全国大会ながらベスト16まで進出した海星は、春高出場、さらに本戦で勝ち進むことを目標に掲げ、同年11月の三重県予選に臨んだ。

５セットマッチの決勝まで進んだ海星の相手は、やはり絶対王者の松阪工業。インターハイ予選決勝では「エース以外にできるだけ得点させない」という戦略で勝利を収めた。しかし雪辱に燃える松阪工業はそれに対応し、エースを中心にバランスよく得点を重ねて第１セットを先取した。

海星は第2セットを奪い返したが、西田は「チームとしてはやるべきことをやれました。でも、キャプテンである僕が全然よくなかった」と振り返る。その原因については次のように話した。

「体よりもメンタル面の問題だったと思います。その時に、初めて『サオリーナ』という大きい体育館でプレーすることになったので、『観戦する人の数が増えるのかな』と考えてしまった。そして何より、インターハイでベスト16になったことが『勝たないといけない』という気負いになってしまいましたね。試合に必要がない感情を持っていってしまいました」

結果、第3セット、第4セットを松阪工業に奪われ、夢は潰《つい》えた。王者の牙城を崩して全国に行けたのは、3年時のインターハイのみ。西田は中学時代に松阪工業からも誘いを受けていたが、「(松阪工業に)入っていたら何回も全国に行けた、と思ったことはないです」と断言する。

「もともと海星も三重県では上位のチームでしたが、松阪工業と全国出場をかけて戦えるチームにまでなった。それだけでも満足感がありましたね。松阪工業には試合中にもいろいろ考えながらプレーしている選手が多かったので、僕も楽しかったですし、たくさん勉強させてもらいました」

この春高予選の決勝が高校ラストゲームになった。しかし西田は、「もちろん悔しかったですけど、ちょっと複雑だったというか、気持ちがごちゃごちゃしていた」という。同年10月に内定が発表されていた、ジェイテクトＳＴＩＮＧＳでの活動が控えていたからだ。

高校からいきなりVリーグ入りした理由

日本の、特に男子バレーは大学を経て実業団入りをする選手がほとんどだ。高校からサントリーサンバーズに入団した越川優《ゆう》のような例もあるが、Vリーガーとは体力、技術の差が出やすい。インターハイでも活躍した西田には大学からもオファーが届いていたが、選んだのはVリーガーになる道だった。

きっかけは2年時の２０１６年6月に行なわれた、東海地方の高校が集まる「東海総体」だった。

当時、海星がたびたび練習試合を行なっていた星城高校の選手の中に、ジェイテクトのスタッフの息子がおり、「めちゃくちゃすごいから見てよ」と西田のことを話したという。それがほかのスタッフにも伝わって、「どれほどのものなのか?」と、ジェイテクトの寺嶋大樹総監督（当時。現スーパーバイザー）が大会の視察に訪れたのだ。

「よく跳ぶしパワーがある」と思った寺嶋は、プレー映像を当時の監督（現シニアヘッドコーチ）増成一志に送った。増成の第一印象は「高校生にしてはよくやっている」くらいだったそうだが、数年先の活躍を見据えて声をかけることにした。試合後に西田と話した寺嶋は「本田圭佑みたいだな」と思ったという。

「すごく謙虚なんですけど、ビッグマウスな面もあるというか、自信が言葉に表れるんですよね（笑）」

寺嶋がその時に話した内容は、高校卒業後、もしくは大学を卒業したあとにジェイテクトに入団してほしいというもの。西田は卒業後の進路として、中央大学も考えていた。髪型やネックレスなどをマネしていた、憧れの石川祐希がプレーしていたからだ。

ただ、西田が入学する年に、石川は大学を卒業する。それに加え、アンダーカテゴリーでの苦い経験が、高校からのVリーグ入りを後押しした。

2年時にユース代表に選ばれた西田は、点取り屋ではあったがサーブレシーブが得意だったこともあって、当初は守備専門のリベロとして登録された。それでも、「中学選抜の時に腰を痛めていて、ほとんど練習ができなかったのが心残りだったので、『やっと来たか！』って思いました」と胸を躍らせていたという。

その8月には初めて国際試合も経験。翌年の3月末に開幕したアジアユース選手権大会には、本来のポジションであるオポジット登録になり、チームは史上初の優勝を果たした。
西田は自身のＳＮＳでその喜びを伝えたが、内心は「無念」という気持ちが強かったという。

「１学年上の、鎮西高校にいた宮浦健人さんがレギュラーで、僕はアップゾーンでその活躍を見ているだけでした。もちろん優勝はうれしかったんですけど、それ以上に『自分は何をしにここに来とんのや！』という悔しさがありました」

身長は宮浦のほうがわずかに高いが、サウスポーのオポジット、強烈なサーブを持っている点も共通している。アジアユース選手権では日本の主将を務め、大会のＭＶＰを獲得。早稲田大学でも成長した宮浦は「大学ナンバーワンオポジット」と呼ばれ、２０２０年９月にジェイテクト入団が決定した。今後は日本代表でも活躍が期待される選手だ。

「宮浦さんに追いつきたい、追いつくだけじゃなくて追い越したいという気持ちが強くなりました。『同じことをしていたら、絶対にあの人には勝てん』と思い、ジェイテクト入りを決心したんです」

そんな西田のＶリーグデビューは、目指していた春高が行なわれていた最中の２０１８年１月６日。その堺ブレイザーズ戦で、「数年先の活躍を見据えて」スカウトされた西田は、周囲の度肝を抜くパフォーマンスを見せた。

【2nd SET】

Vリーグ、日本代表デビュー

17歳のVリーガー誕生に「何者なんだ？」

大学を経て実業団入りすることが多い日本の男子バレー界において、高校からＶリーガーになる異例の道を選んだ西田。海星高校３年時の２０１７年10月にジェイテクトＳＴＩＮＧＳへの内定が発表され、翌年の１月６日に広島県立総合体育館でＶリーグデビューを飾った。その日の東京体育館では、西田が高校３年間で一度も手が届かなかった、春高バレーの準々決勝が行なわれていた。最後の春高に向け、「本戦で勝ち進む」ことを目標にピーキングを行なっていた西田は、その力をＶリーグで発揮することになる。

デビュー戦の相手は堺ブレイザーズ。西田はスタメンのオポジット・清野《せいの》真一に代わって第１セット途中から投入された。第２セットも同じようにセットの途中から起用されると、第３セットはそのままスタートからプレー。試合はストレート負けを喫したが、西田は15打数10得点、66・７％という高いアタック決定率で堂々たる活躍を見せた。

翌日のＪＴサンダーズ戦ではスタメン出場を果たす。強豪ＪＴを相手にフルセットにもつれこむ熱戦となり、西田はまたも56・４％という高いアタック決定率で、チーム最多の26得点をマーク。セットカウント２－３で惜敗したが、サービスエースも２本決めるなどチームをけん引した。

男子のVリーグ史上最年少となる17歳でデビューした西田について、大卒でチームでは同期の中根聡太（２０２０年3月に引退を発表。現在は星城高校の教員）は当時、「デビュー戦の試合前はめちゃくちゃ緊張して、渋い顔をして『吐きそう』と言ってました（笑）」と語った。

高校３年時のインターハイではベスト16に進出したが、全国大会に出場したのはその１回のみ。ほぼ無名の選手だったため、Vリーグの関係者もメディアも「あの高校生は何者なんだ？」と驚いていた。

例は少ないが、高卒でVリーグ入りした選手がいきなり活躍するのは難しい。２００２年、岡谷工業高校（長野）３年時に日本代表に抜擢《ばってき》され、サントリーサンバーズに入団した越川優も、スタメンで試合に出場したのは5月の黒鷲《くろわし》旗《き》全日本男女選抜バレーボール大会が初めて。そのほかの高卒の選手たちも、チームが大きくリードしている時や、スタメンを休ませたい時などにポイントで起用されることがほとんどだった。

数年はチームで体作りをしながら出場の機会をうかがうものだが、芽が出ないまま、あとから入団してきた同学年の大卒選手の陰に隠れてしまうケースもある。そんな前例を覆した西田を、自身も高卒Vリーガーとして活躍したサントリーの荻野正二監督（当時。現アンバサダー）も、「あんな高校生おらんでしょ。普通やないよ、彼は」と絶賛した。

指揮官が見抜いた資質

そんな快挙を成し遂げられたのは、春高本戦に向けて行なっていたピーキングのお陰でもあるが、当時ジェイテクトの監督を務めていたアーマツ・マサジェディが思い切って西田を起用したことが大きい。

アーマツは、世界的な名将であるフリオ・ベラスコがイラン代表の監督だった時にコーチを務め、チーム作りに対する考え方、トレーニング方法などを受け継いだ。その知見を求められ、２０１５年には日本代表のアドバイザーコーチに就く。彼の指導を受けた清水邦広と柳《やなぎ》田《だ》将洋は、「アマド（アーマツの愛称）には、それまでの自分が知らなかった、役に立つ指導をしてもらった」と口を揃えた。

アーマツは２０１６年12月にジェイテクトのコーチに就任。２０１７−２０１８シーズンは監督としてチームを率いていたが、そこに西田が内定選手として加入した。ジェイテクトの関係者は、「数年のうちに活躍できるようになれば」と西田を紹介したという。しかし、アーマツは「実際に見てみなければ判断がつかない」と、春高予選で敗退して時間ができた西田をジェイテクトの練習に参加させた。

チームには「サーブレシーブにも入るレフトで」という構想もあったようだが、アーマツの印象は違ったようだ。

「彼は非常にジャンプ力もあるし、体もできている。Vリーグの試合にすぐに出しても遜色はないと思ったよ。また、左利きだからライトから打たせたほうが絶対にいい。イラン代表にも左利きでレフトはいるけど、西田はメンタルも強いし、オポジットのほうが適しているように感じたんだ」

　そのあともアーマツは、西田をジェイテクトの練習に参加させ、できるだけ試合にも帯同させた。さらに、チーム練習に来られない時も質の高いトレーニングができるように、自身が考案した練習メニューも渡したという。

　中には、相手コートをいくつかに区切り、それぞれにサーブを10回ずつ打ち込むといった厳しいメニューも多かったが、西田はそれをきちんと実行した。その姿勢を、アーマツは称賛した。

「偉かったね。彼が『学校の授業で疲れている』などと言って、私の目が届かないところでは適当にやるような人間だったら、あのVデビューはなかった。ジェイテクトの練習には1週間に1度くらい来ていたけど、そのたびに技術が向上していたし、どんどん体もたくましくなっていった。私が『うまくなったね』と声をかけると、『言われたメニューを毎日やってますから』とまっすぐに答えたんだ。バレーボールに対する熱がすごく高かったよ。そんな彼が活躍する姿を見るのは、本当にうれしいね」

期待の起用に応える活躍

アーマツはデビュー後も西田をスタメンとして起用し続けたが、ファイナルステージ進出争いをする大事な時期だっただけに、チームのスタッフからは「経験がある選手を起用するべきでは」という声も上がったという。それでも、アーマツは揺るがなかった。

「勝ちにはつながらなくても、彼はすごくいいプレーをしていたし、もっと伸びていくと信じていた。だから、リスクを負っても西田を使ったんだ。若い選手がすごい速さで成長するのを何度も見てきたし、いい素質を持っている選手を『若すぎる』という理由で起用しないのはもったいないと判断した。彼をジェイテクトの中心選手にする。そのつもりで使い続けたんだ」

ジェイテクトはシーズン6位で「ファイナル6」に進んだものの、その先には進めず。アーマツは、5月の黒鷲旗大会を最後にチームを去ることになった。当時、西田はアーマツに対する感謝をこう述べた。

「Vリーグで活躍するために何をしたらいいかを教えてもらいました。中でも一番大事だったのは、僕のプレーの余分なところを削ぎ落としてくれて、コンパクトなプレーができるようになったことですかね。スパイクの打ち方などはもちろん、『こういう状況では、こうプレーするとチームが楽になる』など、会話をする中で学んだこともたくさんあります。
一緒にいた時間はそんなに長くはなかったですけど、とても濃い時間を過ごさせてもらったので、今回の退団はとてもつらいです。僕はアーマツさんの考え方を受け継いだと思っているので、それを広めていけば、アーマツさんも喜んでくれるんじゃないかと。そういった形で感謝の気持ちを伝えられたらと思います」

アーマツが最後に指揮を執った黒鷲旗大会で、ジェイテクトは決勝に進出。パナソニックパンサーズに敗れて準優勝となったが、西田は新人賞に当たる「若鷲賞」を受賞した。

恩師の言葉どおりチームの中心選手になった西田は、その活躍が認められ、２０１８年度のシニア日本代表に大抜擢された。

18歳で緊張の代表デビュー

海星高校３年時の２０１８年1月に、ジェイテクトで鮮烈なVリーグデビューを飾った西田は、卒業後の同年４月にシニアの日本代表に初招集された。

２０１６年のリオ五輪後、代表監督に就任した中垣内《なかがいち》祐一は、得点力の高いオポジットを求めていた。２００８年の北京五輪からそのポジションを担ってきた清水邦広（パナソニックパンサーズ）が、度重なるケガで代表を離れていたためだ。

〝ポスト清水〟として、バルセロナ五輪代表メンバーである大竹秀之の長男で、当時中央大学4年生だった大竹壱青《いっせい》（パナソニックパンサーズ）が２０１７年9月のグランドチャンピオンズカップで国際大会デビューを果たす。さらに、堺ブレイザーズのミドルブロッカー・出耒田《できた》敬《たかし》も、筑波大学時代の経験を買われてオポジットで起用された。

しかし、その大会は、エース・石川祐希がケガで離脱したこともあり、５戦全敗に終わった。18歳の西田の抜擢には、中垣内監督の期待の大きさが表れていた。

当時の西田は、Vリーグの戦いを経ての自身の成長について次のように語っている。

「考え方が変わりましたね。高校までは『自分が思い切りスパイクを決めるだけでいい』と思っていました。でもVリーグに入ってからは、スパイクを打つにしても、どういうコースに打つのか、どうワンタッチを取って外に出すのか、などを考えるようになりました。いろんな1点の取り方があると思えるようになったところが、成長したと思います」

いきなりシニア代表に選ばれたことについては、「驚きしかなかった」という。

西田はユース時代、アジア選手権では出場機会に恵まれず、世界選手権でメンバー落ちした悔しさから、「ほかのユースの人たちより早くシニアに行く」という目標を立てていた。そのための努力は惜しまなかったが、「まずはジュニアからだろう」と思っていたため、〝飛び級〟でシニアに選ばれることは予想していなかった。

初めてシニア代表で練習を行なった西田は、「第一印象は話しやすい人でした」という中垣内監督について、「現役時代、自分と同じポジションで活躍された方ですし、いろんな視点からアドバイスをしていただいています」と笑顔で語った。

一方の中垣内監督は、「将来的には、西田にはサーブレシーブもできるポジションでプレーしたほうが、可能性は広がると思う」とコメント。それをじかに伝えられたという西田は、「期待してもらえているということ。スタッフの方たちが思っている以上の選手になりたい」と意欲的だった。

そんな西田のシニア代表デビューは、２０１８年5月25日、フランスのルーアンで行なわれたネーションズリーグ初戦。そのオーストラリア戦でスタメンに名を連ねると、4セットフルに出場して15得点を挙げた。

同じくその試合にスタメン出場した柳田将洋は、２０２０年5月に西田と行なったインスタライブで、「あの時の西田、試合前にめちゃくちゃ緊張してたよな（笑）」と当時を振り返った。西田も「いやー、かなり緊張しましたね」と苦笑して認めたが、試合が進むにつれてエンジンがかかり、セットカウント3－1の勝利に貢献した。

新人らしからぬ活躍に敵将も警戒

大会2戦目のフランスとの試合は大竹が先発だったが、第1セットで大きくリードされた時点で西田に交代。試合には敗れたものの、やはり15得点を記録した。

5週にわたって行なわれるネーションズリーグは、1週間で3試合をこなしながら世界各国を移動する過酷な大会。中垣内監督は疲労を考慮して選手を入れ替えながら戦ったが、オポジットは西田の起用が多くなっていった。

大阪市立中央体育館で開催された第3週の「日本ラウンド」は、ブルガリア、ポーランドにストレートで敗れたあとにイタリアと対戦。フル出場した西田は、サービスエース3本を含む24得点を挙げ、両チーム合わせてのベストスコアラーに輝き、チームはフルセットで勝利した。

イタリアのジャンロレンツォ・ブレンジーニ監督は、試合の途中から、西田のサーブ順がきたタイミングでタイムアウトを取るようになった。試合後の会見で、ブレンジーニ監督は「彼のサーブは注意が必要なので、少しでもプレッシャーを与えたかった」と理由を明かした。

それを聞いた西田は「光栄ですね」と胸を張った。敵将も警戒した新人サウスポーの活躍で、日本はフルセット勝ち。この時のイタリアはベストメンバーではなかったが、世界選手権を3連覇したことがある強豪を相手に、11年ぶりの勝利を飾った。

結局、日本は6勝9敗の12位で大会を終えた。国際大会デビューの大会として十分すぎる働きをした西田だったが、日本ラウンドのあとに体調を崩してベンチ入りもできなかった試合もあったため、「体調を崩したり少しでも調子を落としたりしたら、すぐにポジションを奪われる。コンディションを整え続けることの大切さを痛感しました」と気を引き締めた。

続く7月の日韓親善試合では、背番号が「32」から「11」に。かつては柳田や石川もつけていた番号で、西田も「いい背番号をいただいた」と喜んだ。そして迎えた9月、イタリアとブルガリアの共同開催による世界選手権に臨んだ。

第1ラウンドの初戦、日本は開催国イタリアとの開幕試合を、バレー界では異例となる屋外の競技場で戦った。しかし前日練習の際には、西田はボール練習に参加せず、トレーナーと共に観客席を軽くウォーキングしていた。

翌日の試合にも西田は出場せず、チームは完全アウェーの中でストレート負け。別調整の理由は軽い足のケガだったそうで、間もなく回復したようだが、当時の西田は「あんな場所で試合をやれるなんて、一生に一度あるかどうか。そのタイミングでケガをしてしまった自分に腹が立ちました」と口をとがらせた。

その開幕戦は1試合だけ前倒しで行なわれたため、2試合目のドミニカ共和国戦まで中3日空いたこともあり、西田はその第3セットからコートに復帰。チームはストレート勝ちを収めたが、続くスロベニア戦、スタメンに復帰したベルギー戦も敗れて1勝3敗となった。

第2ラウンド進出のためには、5試合目のアルゼンチンに3－0か3－1で勝利することが必須となったが、第3セット終了時にセットカウント1－2とされた時点で可能性がなくなった。それでも西田個人は好調で、サーブやスパイクで得点を重ねていく。その姿に、メディア席にいたアルゼンチンの記者たちが「ユウジ？　ユウジ・ニシダ」と名前を確認しながらメモを取っていた。

世界選手権1次ラウンド敗退で、西田の代表初年度は幕を閉じた。ケガもありながら高卒ルーキーの日本代表として輝かしいデビューを飾ったが、世界選手権のアルゼンチン戦後には厳しい表情でこう述べた。

「正直、第1次ラウンドを抜けることができなかったのは、ダメだったと思います。自分も大会を通してミスが多かった。ケガは言い訳になりません。ここ一番にピークを持ってこないといけなかった。でも、課題も明確になったので、次に生かしたいです」

18歳だろうが、ルーキーだろうが、日の丸を背負う重みは変わらない。すでにその覚悟ができていた西田は翌年、より大きなインパクトを世界に与えることになる。

世界と戦うために選んだイバラの道

西田は世界選手権から帰国した際、今後の目標についてこう話した。

「Vリーグ優勝、五輪出場……あと、家を建てること！　バレー選手にも、それくらい夢があったほうがいいですよね（笑）」

そんな夢を叶えるために、西田はある決断を下す。高校3年時に内定選手としてVリーグデビューを果たし、卒業後、ジェイテクトに正社員として入社。しかし日本代表1年目の活動を終えた西田は、リーグの新シーズンを迎える前に「嘱託職員」として契約を結び直した。

これは、Vリーグのチームに所属する選手が、プロ選手と同じような形で活動するために取るひとつの手段だ。

日本の男子バレー選手の多くは、大学から実業団に入って正社員として活動し、現役を終えたあとは社業に専念する。たとえば、西田のチームメイトで全日本でもプレー経験がある浅野博亮（2021年4月に引退）は、午前中はホームページを制作する部署で働き、午後に練習を行なっていた。現役中から社業に関わっていれば、ケガなどで現役生活が短く終わってしまった場合なども含め、引退後のセカンドキャリアへの移行もスムーズになる。

一方で嘱託職員として契約を結んだ選手は、社業を免除されてバレーの練習に専念できる代わりに、引退後の職は保証されない。かつては、元日本代表の山本隆弘、越川優、現役選手ではパナソニックの清水なども同様の形を取っているものの、人数的にはその道を選ぶ選手のほうが圧倒的に少ない。

当時18歳の西田は、なぜ未来の安定を捨ててバレーだけで稼いでいく道を選んだのか。その理由をこう明かす。

「代表1年目が終わり、ネーションズリーグや世界選手権を戦った経験が大きく影響しました。バレーの道に進んだのは間違いじゃなかったと思ったのと同時に、『もっと選手としてのレベルを上げたい』という欲が出てきたんです。僕の身長（186㎝）だと、男子バレーの世界ではマイナスからのスタートになる。世界のトップ選手と本気で対戦してみて、このレベルで自分が渡り合っていくためには、バレーボールだけに専念する環境がないといけない。そう感じたんです」

家族にも相談したが、反対されることはなかったという。逆に両親は、「18歳から会社員になって自立したんだから、家族だけど生活費を出してあげる存在じゃない。だから、自分で『やる』と思って決めたことなら、その道を行けばいい」と西田を後押しした。

「うちの家族はみんな、何かを決める時に『やる』『やらない』のどっちかしかないんですよ（笑）。僕も、この時はもう『やる』と決めていたので、迷いは一切ありませんでした」

チームが苦しむ中での新人賞争い

プロ選手として臨んだ２０１８－２０１９シーズン。リーグがビジネス化に向けてスタートを切り、名称も「Ｖ．ＬＥＡＧＵＥ」に変わったシーズンだったが、ジェイテクトはプレーオフ圏外の７位と低迷した。

それにはさまざまな要因があった。西田の才能を高く買い、高校生のうちから積極的に起用してきたアーマツ・マサジェディ監督が、ＶＣ長野トライデンツのコーチに就任。代わりに指揮を執ったのは、前シーズンをもって現役を引退し、そのまま監督に就任した髙橋慎治だった。ジェイテクトが２部リーグ所属だった頃からチームを支えてきた功労者だが、いきなり指揮官になったことで采配に苦しむ場面も見られた。

さらに、世界的な名プレーヤーで「優勝請負人」と呼ばれる元ブルガリア代表のエース、マテイ・カジースキがイタリアのセリエＡに移籍したことも攻撃力の低下につながった。代わりに加入した、ブルガリア代表のバレンティン・ブラトエフが代役を務めるのは荷が重く、サーブで狙われるなど思うように得点できない日々が続いた。

自然と、トスは若きエースの西田に集まるようになった。それは同シーズンの数字にも表れており、総得点ランキングは、他チームの外国人助っ人選手2人に次ぐ3位で570点。まだ18歳の選手にとっては、肉体的、精神的にも負担がかかったことが予想されるが、アタック決定率も9位の50・7%と高い確率を維持した。

ほかにも、サーブ得点（45得点）、サーブ効果率（12・2%）は全体のトップ。ブロック決定本数では、ミドルブロッカーの選手たちに割り込む形で4位（50得点）に入るなど、獅子奮迅の活躍を見せた。

そのシーズン終盤になると、ファンやメディア関係者の間で「最優秀新人賞は誰が獲るのか」が話題になった。新人賞は、その年にもっとも活躍した3年目以内の選手に贈られる。西田と共に候補に挙がったのは、そのシーズンを圧倒的な強さで制したパナソニックの大竹壱青だ。

中央大学からパナソニックに入団した大竹は、ケガで戦列を離れていたエースの清水に代わり、チームのオポジットとして奮闘。総得点ランキングでは日本人2位の12位（332得点）と、西田とは少し開きがあるが、チームの優勝に貢献したことが大きな評価ポイントになっていた。

新人賞はチームの成績も加味されている部分があるため、「7位に沈んだジェイテクトからは難しいかもしれない」という予想もあったが、結果は西田と大竹の〝ダブル受賞〟に。新人賞が2人に贈られることは極めて稀なことだ。高卒1年目で見せた圧倒的なパフォーマンスを、賞を与える側もさすがに無視できなかったのだろう。

当時、西田は自身のＳＮＳで「新人賞をもらえたことはほんとに光栄です。ですが、本当の新人賞は大竹さんです」とコメントした。個人で活躍するだけでなく、チームが勝つことに重きを置いていた西田は、日本代表2年目のシーズンでその両方を実現させる。

清水邦広と同じコートにいる喜び

２０１９年４月、西田は2年連続で日本代表に選出された。初招集の時のような「（選ばれたことに）驚きしかなかった」という感覚はなく、目標も「自分の持っている技術をすべて出す」から、「すべて出した上で、いかにミスを少なくできるか」にステップアップ。ケガもありながら世界選手権を戦い抜いた自信は、さらに上を目指す原動力になっていた。

2年目の日本代表での活動には大きな喜びが待っていた。２０１８年２月に右膝前十字靱帯断裂の大ケガを負った清水が、懸命なリハビリを経て代表メンバーに復帰し、一緒に練習を行なうことができたからだ。

小学校時代に２００８年北京五輪での清水のプレーを見て、「オリンピックに出たい！」という思いを抱いた西田。当時、自分のバレー人生の原点でもある憧れの選手について、「清水さんは、やっぱりすごいとしか言えないです」と興奮気味に語った。

清水は一度復帰したあとに感染症で再入院するなど、試合に長く出られるようになったのは、２０１９年4月に開催されたアジアクラブ選手権くらいから。特に下半身の筋肉は完全に戻っていなかったが、それでも西田は目を輝かせながらこう続けた。

「清水さんは体幹がしっかりしているので、ディグ（スパイクレシーブ）に入っても絶対ふっ飛ばされない。同じポジションなのでライバルでもありますが、今は一緒のコートでバレーをやれる喜びを存分に感じたいです」

そんな代表合宿を終え、5月31日から約1カ月にわたって続くネーションズリーグ予選ラウンドに臨んだ。西田は15試合中12試合にフル出場し、日本は7勝8敗の10位。前年の同大会より順位を2つ上げたが、決勝ラウンドには進めなかった。

続く9月13日からイランで始まったアジア選手権では、体の状態を考えてネーションズリーグに出場しなかった清水と共にオポジットを担った。結果は、準決勝でオーストラリアに敗れ、3位決定戦で韓国に勝利。〝悔しい3位〟ではあったものの、スタメンを務めることが多かった西田はエースの石川祐希と並んで得点を量産するなど、その年の大一番に向けて好調を維持していた。

石川祐希は「追い越したい存在」に

そして10月に開催されたW杯は、日本開催とはいえ、週末だけでなく平日の試合のチケットも売り切れるほどファンの期待を集めていた。開幕戦の相手は、前年に2戦して1勝1敗ながら、世界選手権では力の差を見せつけられたイタリアだ。

試合は石川のノータッチエースで幸先よくスタートし、勢いに乗った日本が2セットを先取。観衆の度肝を抜くプレーが生まれたのは第2セット終盤、23-18の場面だった。

石川のサーブから、リベロ山本智大のスーパーレシーブなどでラリーに持ち込み、最後はリバウンドのボールをセッター関田誠大《まさひろ》が上げ、後ろから切り込んできた石川がバックアタック……と見せかけてライトの西田にトス。そのプレーでブロックが外れ、西田はストレートに強烈なスパイクを叩き込んだ。

トリックプレーで相手を翻弄したあとには、相手に崩されない安定感も見せる。第3セットは中盤まで一進一退の攻防になったものの、最後まで慌てることなく徐々に突き放し、25－21で制してストレート勝ちを収めた。19得点を挙げた石川、16得点を記録した西田を筆頭に、ベテランの福澤達哉、ミドルブロッカーの小野寺太志や山内晶大《あきひろ》もサーブから積極的に攻めたことが勝利につながった。

２０１９年のW杯は、前回大会までと異なり五輪の出場権がかかっていなかったため、出場国の中にはベストメンバーを揃えていなかった国もあった。イタリアも若い選手が中心だったが、それでも世界ランキング3位（当時）の強豪相手に同11位の日本が完勝できたことは、チーム力向上の証明にほかならない。

西田にとっては、このW杯が日本で迎えた初めての三大大会（オリンピック、世界選手権、W杯）でもある。大歓声の中での試合を終えた気持ちを、西田は「あんなに多くのお客さんに入っていただき、応援されるのは初めての経験でした。その開幕戦を勝利で飾れたことは、とてもうれしいですね」と笑顔で語った。

一方で、「憧れの石川選手と同じコートで戦えることをどう思いますか？」という質問には、「祐希さんが、ほんまにすごい人気があるのが、ようわかりました。でも、自分も絶対負けませんので」と対抗心もあらわにした。

西田にとって石川は、星城高校を史上初の6冠（2年連続でインターハイ、国体、春高を制覇）に導いたスーパースターだった。五輪への思いを抱かせてくれた清水と同じように憧れの存在で、２０１８年7月の日韓親善試合で初めて一緒にプレーしたあとには「同じコートに立ててうれしい」と笑顔も見せた。しかし、2年目の日本代表で試合を重ねるうちに、憧れの存在に追いつきたい、追い越したいという気持ちが芽生えたのだ。

日本は中1日、中2日のオフを挟み、連戦で全11試合を消化していった。幸先のいいスタートを切った日本は、第2戦のポーランド、第4戦のアメリカには敗れたものの、第5戦から第9戦まで大会史上初の5連勝。第7戦では、当時の世界ランキング5位だったロシアにもセットカウント3－1でW杯初勝利を飾った。

精神的にもたくましさを増した西田は、両チームトップの22得点を挙げ、そのうち5得点がサービスエースだった。試合後には「やっとサーブが本調子になり、それを勝った試合で見せられてうれしい」と振り返ったが、そのロシア戦も、劇的な結末を迎えるW杯最終戦の序章にすぎなかった。

周囲の支えで乗り越えたプレッシャー

W杯初戦で強豪・イタリアにストレート勝ちし、幸先のいいスタートを切った日本代表。第7戦には三大大会で何度も頂点に立ってきたロシアにも勝利するなど、5勝2敗で42年ぶりのメダル獲得に望みをつないでいた。

8試合目の相手であるエジプトは、当時の世界ランキング13位で、同11位の日本代表にとっては確実に白星が欲しい試合だった。西田は出だしから順調に得点を重ねていたが、セットカウント2－1とリードして迎えた第4セットは、「これまでに感じたことがないようなプレッシャーを感じて、思うようなプレーができなくなっていた」という。

メダル獲得が見えていたからこそ感じた重圧なのだろう。その第4セットをデュースの末に28－30で落とし、試合はフルセットに突入。最終セットも1点差の攻防が続いたが、手に汗を握る展開の中で西田は気持ちを立て直した。

「周りの方にたくさん声をかけていただいて、やっと気持ちを切り替えることができました。（フルセットになったことで）勝ち点はひとつ落としましたが、どんな形であっても勝ち切ることができて、本当によかったです」

第5セットは15－13で日本がモノにして6勝目。西田は苦しんだとはいえ、エース・石川の24得点に次ぐ23得点を記録し、ロシア戦に続いて5点をサービスエースで挙げた。

続く9試合目は、同年9月に行なわれたアジア選手権の覇者であるイランに、セットカウント3－1で勝利。日本は史上初のW杯5連勝で4位以上を確定させた。残るは2戦。10試合目の相手は、リオ五輪王者のブラジルだった。

その試合に優勝がかかっていたブラジルはベストメンバーを揃えてきた。本気のブラジルに対して、日本は第1セットを先取されたあとの第2セットをデュースに持ち込み、26－24で制す。続く第3セットは14－25という大差で落とし、そのまま一気に崩れてもおかしくなかったが、第4セットはブラジルの猛攻をしのいで再びデュースに持ち込んだ。

この試合でチームトップの17得点を挙げた西田も粘りを見せたが、最後は王者に押し切られた。その時点で日本の4位が確定。目標としていた表彰台にはあと一歩届かなかったが、28年ぶりのベスト4は確かなチーム力がもたらしたものだった。

「まるでマンガ」のような連続サービスエース

実りが多かったW杯を締めくくる最後のカナダ戦で、西田はさらなるビッグサプライズを日本のファンに届けた。

それまで出場機会が限られていた清水邦広や柳田将洋らがスタメンで活躍し、西田もポイントで交代出場して確実に得点を奪っていく。試合はフルセットの熱戦になり、第5セット序盤は日本が4－1とスタートダッシュを決めたが、カナダのサービスエースや日本のミスが重なって逆転を許す。1点ビハインドの8－9の場面で、西田はライトからスパイクを決め、そのままサーブに下がった。

西田はこの時、相手コートをしっかりと確認した。カナダは後衛のレフト側にスパイカーが並ぶローテーション。サーブレシーブは、リベロが絡むゾーンよりも、スパイカー2人の間のほうが弱くなるのは定石だ。

「もともと、そこ（レフト側）は自分が得意なコースだったので、狙いにいきました」と言う西田が打ったサーブは、後衛の真ん中のサイドアタッカーをはじき、日本が10－9と再びリードする。続く2本目は、レフトのアタッカーのサーブレシーブを崩して連続エースを決めた。

西田は観客席に向かって、両腕を激しく動かしてガッツポーズをした。この日はベンチスタートで、アップゾーンからもチームを盛り上げようと大きな身振りで喜びを表現していたため、コート内でも動きが派手になってしまったという。

「あとから見直すと、ちょっと恥ずかしいくらいに大げさなガッツポーズをしちゃいましたね（笑）。でも、それがかえってよかったかなと」

その言葉どおり、西田のガッツポーズで会場のボルテージはさらに一段階上がった。

3本目のサーブはエースにはならなかったものの、やはりサーブレシーブを崩し、相手のスパイクをミドルブロッカーの山内がブロックでシャットアウト。4本目はまたもサービスエースで、13－9と試合をほぼ決定づけた。

5本目のサーブはトスが少し前に流れた。それでも「今日は跳べる日」と感じていた西田は、緩めに入れることなく全力で打ち込んでエースを奪う。日本がマッチポイントを握ったところでカナダがタイムアウトを取ったが、西田を止めることはできなかった。

タイムアウトが明けてコートに戻った西田は、いつものように右手にボールを持ってまっすぐ前に差し出した。左手で右肩の袖を触り相手コートを睨みつけ、高くトスを上げてジャンプ。西田が「この日、一番ボールのスピードが速かったと思う」と振り返るサーブは、カナダのリベロをはじき飛ばし、ボールはコートの外に飛んでいった。

「途中までは、アップゾーンから『（その試合で25得点を挙げた）清水さん、すげえ』と思いながら見ていて、自分がコートに入った時もその高いテンションのままプレーした感じです。3本目のエースを決めた時にカナダが戦意を失ったことを感じましたけど、最後はもう〝無〟でしたね。『あれが〝ゾーン〟ってやつなんかな』って思いました」

西田はこの大会で合計174得点を挙げ、ベストスコアラーランキングで全体の３位に入った。サービスエースの本数は、出場選手の中で唯一の20本以上となる29得点。堂々たる成績で「ベストサーバー」と「ベストオポジット」を受賞した。

チームのベスト４に貢献した個人の活躍について、当時の西田は「海外のオポジットたちと戦って、一番小さい選手が賞をいただけたことはうれしいです。大きい選手には絶対に負けたくないと思って、ここまでやってきましたから」と喜びを語った。

身長186cmの西田が、２ｍ級の海外選手たちをサーブではじき飛ばし、ブロックをものともせずにスパイクを打ち抜く。ファンからは「まるでマンガみたい」という驚きの声も上がったが、西田の視線はさらに先を見据えていた。

「チームとしては表彰台に立っていない。今回の２つの賞は『よかった』で終わらせて、次はチームとしてもっと勝てるようにしないといけない。個人で賞をもらうより、チームでメダルをもらうほうが絶対にうれしいはずなので」

28年ぶりのベスト４にも満足しなかった西田は、そのあとのＶリーグでチームを初の快挙に導いた。

TIME OUT

チームメイト5人が語る エースの素顔

衝撃のVリーグデビューから、今や日本代表の中心選手に。その過程を近くで見てきた、引退や退団した選手を含むジェイテクトSTINGSのチームメイトたちが西田の貴重なエピソードを明かす。

撮影／火野千鶴

福山汰一（ふくやま・たいち）

1993年12月20日生まれ、熊本県出身
193cm　ミドルブロッカー
鎮西高校で春高バレー準優勝を2回。早稲田大学のセンターエースとして、インカレ日本一も経験した。ジェイテクトに入ってからは激しいレギュラー争いを勝ち抜き、2020−2021シーズンはスタメンに定着。2021年度に、日本代表に初選出された。

つくづく、チームメイトでよかった

最初に高校生で入ってきた時は、かわいらしかったです（笑）。ただ、年明けに試合に出始めたらいきなりすごかったのでイメージがひっくり返りましたよ。自分の記憶の中では、男子Vリーグで現役の高校生が活躍する例を知りません。「すごい選手が入ってきたな。ポジションは違うけど、俺も負けてられないな」と思いました。

つくづく、チームメイトでよかったと思いますよ。相手チームにいたら、ブロッカーとしてはすごく嫌な相手です。ブロックが1枚、1枚半なら西田は確実に決めますし。しっかり2枚揃ってもなかなかシャットアウトが難しいですから。

日本代表などで多くの海外の強豪チーム、実力がある選手との対戦を重ねて、オポジットとしてのスキルが年々向上しているのは確かです。加えて、その経験をジェイテクトのチームメイトにも共有し、どのように役立てるか、ということもするようになりました。自分の調子の良し悪しにかかわらず、チームや自分を鼓舞する姿は本当に頼もしいです。

僕も、遅まきながら日本代表に呼んでもらえるようになった。すでに西田はとんでもない実績を残していますが、互いに刺激を与えられるように頑張って、ジェイテクトでも代表でも、「俺は西田のチームメイトなんだ」と胸を張って言えるようになりたいですね。

伏見大和（ふしみ・やまと）

1991年12月24日生まれ、静岡県出身
207cm　ミドルブロッカー
2014年に東レアローズに入団し、2019年7月にジェイテクトに移籍。早くから日本代表にも登録され、西田と初めて顔を合わせたのも代表合宿だった。インスタグラムで、西田、柳澤広平らと共に「#ジャケ写部」というハッシュタグをつけてアップしている独創的な写真が、ファンの間で好評。2021年5月31日をもって、ジェイテクトを退団。

年越しのインスタライブでファンにサプライズ

西田と初めて会ったのは、鹿児島県の薩摩川内《せんだい》で行なった、２０１８年度の日本代表合宿ですね。当時僕は東レに所属していたのですが、鮮烈な高校生デビューを果たしたすごい選手という印象でした。

その時の合宿で、僕は西田と同部屋になったんですよ。最初は違う部屋だったんですけど、途中で体調不良者が出て、部屋が移動になって。僕は、当時のマネージャーから「若い選手たちの面倒を見てあげて」と言われていましたから、白羽の矢が立ったんでしょう。その頃の西田は、後輩やチームメイトというよりも、弟みたいに思っていました。僕には弟がいるので、その成長を見ているような。ただ大好きなバレーボールを楽しんで、それ以外は先輩についていく、という感じだったのが、あっという間に成長していきました。

翌２０１９－２０２０シーズン、僕がジェイテクトに移籍してチームメイトになった時には、すでにエースとしての風格がありましたね。西田の連続サービスエースで会場が盛り上がった、２０１９年のW杯で大きく変わったんだと思います。あの大会後の西田には、「自分がチームを引っ張っていく」という責任感、リーダーシップが芽生えていました。

メンタル面も安定しましたね。それまではチームがうまくいかない時にイライラしてしまうイメージだったのが、しっかり感情をコントロールして、質の高いプレーを続けることができた。プレーヤーとしても、人間としてもすごく成長したと思います。

プライベートでは西田と、（柳澤）広平と３人でいることが多くて、コロナ禍になる前は釣りに行ったり、たこ焼きパーティーをやったりもしました。一番思い出に残っているのは、２０１９年から２０２０年になる年越しを、３人で一緒に過ごした時ですかね。大晦日の夕方5時ぐらいから西田の家にいて、バラエティ番組を見ながら、やっぱりタコパをして。

それで、日付が変わる時に、5分くらいインスタライブをやったんですよ。もともと、ファンの人たちと何かを一緒にやるイベントみたいなものをやりたかったこともあったので。なんの告知もしていませんでしたから、ただのサプライズになっちゃいましたが（笑）。本当はそのあとに「年越しそばを作ろう」と言っていたんですけど、すっかり忘れてカップ麺のそばを食べてお開きになりました。

２０２０年の1月は、西田の20歳の誕生日祝いもありましたね。その時は、ペットボトルのプロテインなどをたくさん買って、いきなり家を訪ねてプレゼントしようと思ったんですが、いざ家の前に着いて連絡したら、「俺、お風呂入ってるから出られない」と。だから、「ドアの前に置いておくからもらってね」と伝言する、よくわからないプレゼントになりました（笑）。

年齢は僕のほうが8、9個ぐらい上ですが、それでもここまで仲よくなれたのは、西田があまり人見知りをせず、最初からグイグイ来たからでしょうね。今後も良好な関係を継続していきたいです。

浅野博亮（あさの・ひろあき）

1990年10月6日生まれ、長野県出身
178cm　アウトサイドヒッター
アタッカーとしては小柄ながら愛知大学でエースを務め、2013年にジェイテクトに入社。2015年には日本代表にも選出された。長らくジェイテクトの中心選手として活躍し、2020－2021シーズン限りで現役を引退。

「ザ・高校生」から人が変わったかのように成長した

西田が内定選手として初めて練習に参加し始めた頃は、幼さも残っていて「ザ・高校生」という印象でした。僕が出耒田敬とご飯に行く時に、「一緒に行く?」と誘った時も、「いいんですか?」とうれしそうにワクワクしていて、かわいらしい感じでしたね。その食事会は名古屋市内のお寿司屋さんだったんですが、僕と出耒田で奢《おご》りましたよ（笑）。

　西田の初試合（２０１８年1月6日の堺ブレイザーズ戦）も覚えています。その日はジェイテクトが出だしからよくなくて、ベンチにいた西田に「行くか」と声がかかって途中出場したら、いきなり強烈なスパイクをバコバコ決め始めた。デビューする前の練習試合などでもパワーがあるのはわかりましたが、「まだ粗削りかな」と思って見ていたんですけど、まったく別の選手みたいでした。本番に強いタイプなんでしょうね。さらに試合を重ねるごとに〝モンスター〟になっていきました。

　２０１７−２０１８シーズンが終わって日本代表に一緒に選ばれた頃には、すでに自信が表情にも表れていました。ただ、代表に合流する前は、清水（邦広）さんやマサ（柳田将洋）、石川（祐希）をはじめ、代表メンバーと顔を合わせることに緊張していましたけど（笑）。

　代表で経験を重ねてジェイテクトに戻ると、「ちょっとうまくなったな」というレベルじゃなくて、人が変わったかのような成長ぶりに驚きました。プレーはもちろん、精神面が大きく変化しましたね。それまでは、周りが見えなくなって冷静さを欠く場面もあった。それが、どんな時でも感情をコントロールできるようになりましたし、チームメイトに声をかけてチーム全体に影響を与えられる選手になっていました。

　もっとも印象深いプレーは……常識外れのプレーばかりなので選びづらいんですけど、

ジェイテクトに入ったばかりの時に、2段トスを打ったらネットを越えずに、下に叩きつけたスパイクかな（笑）。それは冗談ですけど、そんな失敗も含めて、どこから2段トスが上がってきても打ち抜けるところがすごい。普通は、遠くから高いトスが上がってきた時などは、うまく当ててコントロールショットするのがセオリー。それを、ミスを恐れずに全力で叩き込んで、ちゃんと得点になることが多いのは、西田の大きな武器のひとつだと思います。

コートの外では多趣味。大好きな車や、ゴルフ、釣りなど、いろんなジャンルの話をします。いろんなところにアンテナを立てていることが、選手としての成長にもつながっているのかもしれません。

僕は2020-2021シーズン限りで現役を引退しますが、入団したての頃から一緒にプレーしてきた身として、西田には今後も妥協をせずに成長していってほしいです。Vリーグ、日本代表、海外リーグに挑戦することもあると思いますが、最高のプレーができる状態を保ってほしい。僕に言われるまでもなく、どこまでも突き進んでいける男だと思うので、いらぬ心配だとは思いますけどね。

柳澤広平（やなぎさわ・こうへい）

1993年5月24日生まれ、長野県出身
188cm　アウトサイドヒッター
創造学園高校（現：松本国際）時代に春高バレーで準優勝、東京学芸大学でのプレーを経て2016年にジェイテクトに入社。チームでは若い選手とベテラン選手たちとのパイプ役を務める。西田のYouTubeチャンネルにも出演。

チームに「フレッシュさ」を注入した

西田と最初に会ったのは、２０１７年に内定選手として練習に来た時ですね。僕は2年目で、新しく入ってくる選手の指導係みたいなことを任されていて。西田にも、チームでの過ごし方など指導しました。

ジェイテクトに加入したての西田は、ポテンシャルを秘めている感じがあって、人一倍元気で、「すごくフレッシュだな」という感じでした。高校生のうちにアーマツ・マサジェディ監督（当時）が出場させて、2試合目からスタメンだったんですけど、監督はAチームのメンバーを固定するというより選手たちの調子やプレーの特徴を見極めて、チームに足りないところに当てはめていくタイプ。その時は、西田のフレッシュさがチームに足りていないと判断したんでしょう。それでほかの選手たちも盛り上がって、「やってこい！」と西田を後押しする雰囲気ができていました。

代表に呼ばれたのも早かったですが、そこでの吸収力が違う。よく「若ければ吸収力もある」ということも聞きますけど、もともとのバレーに対する考え方のレベルが高かったのかなと。日本代表の活動から帰ってきた時も、体つきはもちろん、思考能力も「プレミアで長年やっている選手ですか？」というぐらいに成長していました。

僕は西田とはコート外で一緒にいる時間も長いんですよ。ほぼ何もしない時もあるんですが、たいてい西田の家か僕の家でダラダラとして、どこかにご飯を食べに行くかとか。だから、これといったインパクトのある思い出はないかもしれません（笑）。

外に食べに行く時は、高いものではなく、新しいランチのお店を開拓するといった女子力高めなことをしていました（笑）。「このお店、美味しそうじゃない？」「じゃあ、来週行くか」みたいな。あとは、伏見（大和）さんも一緒に、下調べもせずに釣りに行ったり。僕たちの釣りは、食べるまでが釣りです。

2人とも正月は実家に帰る習慣がないので、毎年、初詣にも一緒に行っていました。二年参りをした年もありましたね。近くにある神社に行って、お守りを買って。豚汁とか甘酒などが無料でもらえるので、「寒い〜」と言いながら3杯くらいもらったこともあったかな。配っている方に「また来ましたね」と突っ込まれて。

そういった、人がたくさん集まるところに行けない状況にはなっていますが、落ち着いたらまた一緒に行きたいですね。

中根聡太（なかね・そうた）

1996年3月2日生まれ、愛知県出身
173cm　セッター
石川祐希と共に小学4年生の終わりからバレーを始め、中学、高校と同じチームでプレー。セッターとして、星城高校時代は史上初の6冠（2年連続でインターハイ、国体、春高を優勝）を成し遂げた。筑波大学卒で、高卒の西田より4歳上だが同期入団組。2019－2020シーズンはジェイテクト初優勝に貢献。同シーズンをもって引退し、母校・星城高校の監督に就任した。

最初の印象は「けっこう生意気だな」

２０１７年の秋頃、僕が筑波大４年生でジェイテクトに入団することが決まったあとに、同期で高卒の選手が入団することを人づてに聞きました。いろいろ映像を見たりしてどんな選手なのかを自分で調べてみたのですが、じかに見なくてもすばらしい選手であることがわかりましたよ。会うのが楽しみでしたね。

全日本インカレ、天皇杯が終わったあとにジェイテクトに合流し、西田と一緒に練習するようになったんですけど、早い段階でタメ口になって「けっこう生意気だな！」と思いましたよ（笑）。でも、僕もあまり遠慮せずにものを言うタイプで、それを許してくれる先輩が好きでしたから。年下でやんちゃな同期の西田のことが僕も好きになり、あっという間に打ち解けました。

西田が春高バレーの予選で負けたあとにジェイテクトに合流して、年明けにVリーグに初出場した試合は第1セットの終盤。僕と一緒に2枚替え（セッターとオポジットがセットで交代する）で出ました。アーマツ監督に「2枚替えでいくぞ」と伝えられて、「Vリーグという夢の舞台に初めて足を踏み入れるんだ」というワクワク感もありましたが、けっこう競った展開だったので「ヤバい。俺たちが回せなくて負けたらどうしよう」という不安のほうが強かったです。ベンチでは、西田と「ゲロ吐きそう。気持ち悪い」と話をしていました（笑）。

でも、実際にコートに立ったら、うまくプレーできたんですよね。西田には「1本目から、お前に全部持っていくからな」と伝えていました。彼のオフェンス力を最大限に生かしてやろうと思ってたくさんトスを上げて、けっこう決めてくれた記憶があります。

西田のプレーは内定選手時代からすごくて、「すぐに代表に入るな」と思いました。僕がトスを上げていても、それまでにあまり感じたことのないような高さ、ボールの〝しばき方〟だなと。試合でもスパイクの決定率、サーブ効果率も高かったですからね。

西田が要求するのは、とりあえず打てるトス。正直、僕はトスの精度があまり高くなかったので、精度よりも思いを込めて上げることを意識していました。西田は感受性も豊かな男だから、トスを通じて彼と会話をしていたような感じです。それは、すべてのアタッカーに対して意識していたことですが、西田とプレーすることでその意識がより強くなりました。

石川祐希との共通点と、西田ならではの力

僕は小学校の頃から石川にトスを上げていたんですけど、利き手やポジションの違いなどはさておき、決定力という部分は石川と近いレベルにあると感じました。プレーの柔軟性、もちろんキャリアの点でも石川には及びませんが、西田にしかない闘争本能というか、いい意味で〝調子乗り〟なところは、オポジットとして重要な資質のひとつだと思います。

西田と一緒にプレーしたのは、ジェイテクトが初優勝した２０１９―２０２０シーズン

までの3年間。プライベートでもけっこう一緒にいて、試合や練習終わりに焼き肉に行くことが多かったですかね。そこでは、バレーの話はあまりしませんでした。したとしても、「俺、この前の試合がすごかった！」とかポジティブな話。誰かのプレーを悪く言うようなネガティブな話はまったくしませんでした。ハッピーな話をして、おなかいっぱいになって帰る。そんな感じでしたね。

　プレーに関しては、ルーキーイヤーの西田は悩んでいたり、「調子が悪いのかな」と感じる場面も多かったですが、翌２０１９－２０２０シーズンがすごかった。ひとりで勝利をもぎ取ってしまうような感じでしたよ。西田は心の状態がプレーに影響するタイプですが、先輩の選手たちがそれを感じ取り、うまく支えていたのも大きかったと思います。

　僕は結果にかかわらず、最初からそのシーズンで引退しようと決めていたんですけど、周りには伝えていませんでした。西田にそれを伝えたのはリーグ戦のセミファイナルの時で、「マジかよ！」と、ものすごく驚いていましたよ（笑）。

　あらためて、セッターから見た西田は〝点取り屋〟で1点に対する執着心がものすごかった。そして、勝ちへの欲望も強い。すごくハングリーなところは、高校でフィーチャーされなかったことも影響があるかもしれません。みんなが見てくれることが原動力になるので、（コロナ禍で観客数が限られた）２０２０－２０２１シーズンはモチベーションを保つのが難しかったかもしれませんね。

　今後も苦しい時はあるかもしれませんが、西田は〝生きる力〟がある選手だと思っています。将来、石川と同じイタリアのリーグなどでやり合う姿も見てみたい。そして日本男子バレーボールを、世界の強豪と互角に戦えるだけのレベルに引き上げてくれることを期待しています。

両親が明かす
幼き頃の「息子」

父・西田徳美
母・西田美保

周囲が困惑する「やんちゃ」な一面、始めた当初から変わらないバレーボールへのまっすぐな思い……。両親だからこそ知る、サウスポーエースの青春の日々を振り返る。

撮影／中西美雁

おむつ姿で審判台に

——西田選手は、生まれた時に体重が4210gもあったそうですね。

母　おなかがとんでもなく巨大になっていって重かったです。陣痛がきてから生まれるまでは早かったんですが、有志を取り上げた先生も「おっきい！」と思わず笑っちゃうくらい。新生児室でも「こ

の子、3カ月くらいですか?」と聞かれることもありました（笑）。

――3人目のお子さんということで、家庭がにぎやかになったんじゃないですか?

母　もう、てんてこまいです。当時9歳になる長女にはかなり面倒を見てもらいましたよ。あとは、長女と長男が通っていたバレーボールの少年団（大安ビートル）の監督やコーチにも、すごくお世話になりました。

父　その頃の方たちと今の有志の話をする時は、決まって「こーんなにちっちゃかったのに」と言われます。少年団は小学校卒業と同時に離れましたから、いきなり大きくなった感じでしょうね。

――少年団の練習中、幼い西田選手はどうしていたんですか？

母　ボールを入れるカゴに入ったり、歩き始めてからは、おむつ姿で審判台に上ったり（笑）。

父　服を着させても、暑がって脱いじゃうんです。水遊びも好きでしたけど、よく紙おむつが膨らんでいましたね。

――どんな子に成長していきましたか？

父　泣き虫でした。

母　泣いている顔しか覚えてないくらいです。特に長女は絶対的存在で逆らえなかったですね。

――何歳くらいから、バレーの才能を感じましたか？

母　小学4年生くらいでしょうか。ジャンプサーブも早いうちから打っていたんですが、その頃から決定率が高くなっていきました。

――西田選手は小学生の時に、北京五輪で活躍する清水邦広選手を見て、オリンピックに出ると決意したそうですね。

母　うーん……あんまり記憶にないんで

すけどね（笑）。

父　北京五輪の試合は、放送時間が早いものはみんなで見ていました。当時から清水選手は力強いプレーをしていて注目していましたから、そう思ったのかな？

母　中学校の卒業式の日に、最後の教室での挨拶で「僕はオリンピックに出ます」と言ったことは覚えていますよ。あとで卒業アルバムを見たら、そこにも「オリンピックに出る」って書いてあって。それほど強い思いがあることを初めて知りました。

本気のオーラにチームメイトが「怖い」と涙

――小学校を卒業する際の進学先候補には、強豪校もあったんですか？

母　そうですね。バレー部が強い中学校がある地域に引っ越してもいいとも言いましたが、有志は地元の大安中学校を選びました。当時、大安中学校のバレー部には経験者が少なかったので、「チームを一から作ることになるけど、それでいいの？」と聞いたら、「それでいい。自分でメンバーを集める」と。

父　3年生が引退した夏以降は、中学からバレーを始めた1学年上の先輩と、ほかのジュニアチームでセッターをやっていた同学年の子しか経験者がいなくなりました。生徒が必ずどこかの部活に入る決まりになっていたので、なんとなくバレー部に入った子もいるでしょうから、バレーに打ち込む熱量に差があったようです。

母　実は、有志が途中で「やっぱり間違ったかなーっ」と言ったことがあるんです。珍しく弱音を吐いて。

父　私たちからしたら、「だから言うたやないか！」って感じでしたが（笑）。「自分で選んだんやから、最後までやるしかないやろ」と厳しめに諭しました。

――中学校ではどんなプレーをしていましたか？

父　しばらくは、経験者のセッターの子とほぼ2人で試合をしていた感じです。相手のサーブやスパイクを有志が拾って、セッターの子がトスを上げて、有志が打つ。ほかの4人の子たちはまだレシーブがうまくできなかったから、「俺が拾う！」とコート半分を有志が守っていましたね。

母　その頃、有志が本気になるとオーラが出ていたようで。ある試合前に、部員のひとりが「怖い」と泣いてしまったこともありましたね。その時は確かに、目つきが変わっていました。

――2年生の時には、三重県選抜に選ばれるほどの選手になりましたね。

父　選抜のメンバーは3年生が中心だと思っていたので驚きました。でも、そこでかなりレベルアップしてバレー部に戻ってきた。それでチームが勝つことが多くなると、ほかの子たち、さらに応援する親御さんたちまで目の色が変わってきたんです。そして最後は、三重県の大会で3位になって、東海大会に出場してベスト8。1年生の時からは想像もつきませんでした。

——クラブチームと練習を掛け持ちしていたのも、成長を早めたのでは？

母　クラブチーム「NFO　オーシャンスター」と、海星高校バレー部の練習にも参加させてもらいました。もちろん成長のためでもあるんですけど……そうしないと有り余った力をどんな方向に使うか心配でした。その頃は「やんちゃ」だったんですよ。友達とケンカになることもあって、先に手を出されたとしても、力が強いから相手にケガをさせちゃったりすることもありましたね。

父　一時はどうなることかと心配した時もありましたけど、「何かやらかしたらバレーができなくなるぞ」という言葉が効いて。忍耐力がついたんじゃないかと思います（笑）。

数年で実現させた目標「親から見てもすごい」

——中学時代の活躍から、多くの高校から勧誘を受けたそうですね。

母　私は、石川祐希選手が通っていた愛知県の名門の星城高校に……と思っていたんですけどね。全国大会に行けるチャンスが多くなりますから。でも有志は、「強いところに勝つのがいいんや」という考えがあるので。確かに相手チームが強いほど、目が輝いているのがわかりますしね。

——アドレナリンが出るような感じですね。

母　ただ、その弊害もあって……海星高校に進んでから、そこまで強豪ではないチームとの対戦で、わざとスパイクをブロックに当てていることがあったんです。理由を聞いたら、「真剣にやると、決まりすぎて面白くない」と。その時は、「相手をナメるようなことは絶対にするな」と怒りました。

父　一度痛い目を見ないと気づかないんですよ。

——高校2年時の春高予選の決勝戦で、西田選手が体力の限界で倒れた時も、厳しい言葉をかけたそうですね。

父　春高予選の決勝が5セットマッチなことは事前にわかっているわけですから、有志には「絶対に体力をつけておかないといかんよ」と前々から言っていたんですよ。実際に決勝に進んで第5セットを戦うことになって、そこで両足が悲鳴を上げてコートに倒れ込んだんです。有志がいなくなったあとも先輩たちが頑張ったんですけど、競り負けて全国への夢が途絶えてしまった。

母　一緒に応援していた方は「しょうがないね。頑張ったよ」と言ってくださったんですが、私は準備不足に対する怒りが収まらなくて。治療を受けながら有志は泣いていましたけど、「泣くくらいなら、先に体力をつけなさい」と言いました。私と夫は若い頃にバスケットボールをやっていて、体力不足で足に限界がくるのは非常に恥ずかしいことだと思っていましたから。

父　それからは、しっかり考えてトレーニングをやるようになりましたね。

——それが、インターハイ出場につながったんですね。その後の進路についてはどんな話をしたんですか?

父　一度だけ、「祐希さんと一緒にやりたいから中央大学に行きたい」と言ったことがあって。「お前より4つ年上だから、入学前に石川選手は卒業しちゃうぞ」と伝えたら、「そらそうか」と落ち込んでいました（笑）。

母　その目標は中学生の時から変わりませんでした。数年後に、日本代表になって目標を実現させたことは、親からしてもすごいなと思います。

——高校からVリーグ入りすることに関して、反対はしなかったんですか？

母　しませんでしたね。ちょうど、ジェイテクトさんからもお話をもらっていましたから。プロになる（「嘱託職員」として契約する）ことも、「俺は、バレーと仕事の両方はできないから」と、自分で決めていました。バレー以外のことは長続きしない性格ですし、「有志が決めたらいいんじゃない」と。リスクもありますけど、最大限に力を出せる環境に身を置くほうが成長できるだろうと思いました。

——そのあとの大活躍と、西田選手の人気ぶりをどう感じていますか？

母　一番すごかったのは、2019年のW杯でしたね。私たちも会場で全試合応援したんですが、両親としてテレビに映ったからか、それから会場に行くとファンの方たちに「一緒に写真を撮ってください」と言われるようになりました（笑）。

父「私たちでいいの？」と思いながら写真に収まっていましたよ（笑）。それだけ多くの人に応援してもらえるのは、本当に幸せなことです。

母　今後もさらなる高みを目指して、いろんな挑戦をしていくんでしょうね。私たちも変わらずに、有志を後押ししていこうと思います。

西田有志 Photo History

高校3年時、ジェイテクトSTINGS
の内定選手としてVリーグデビュー

両親やカメラマン、
チームメイトたちが撮った
貴重なショットで
21年をプレイバック!!

撮影／ご両親、浅野博亮、伏見大和、柳澤広平、浦川一憲、
坂本清、火野千鶴、P&P 浜松、ヴィアティン三重

生後3カ月に自宅で家族と。お母さん（右）に抱えられるビッグベイビーが西田選手

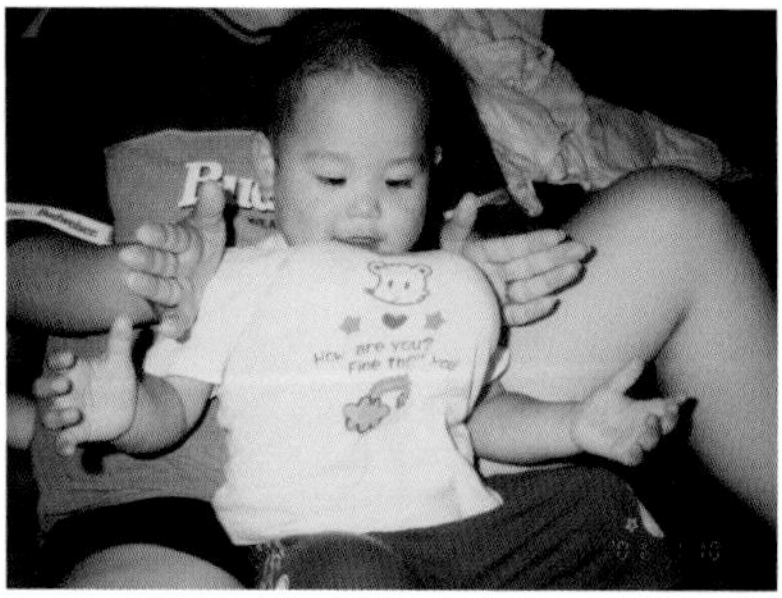

1歳の夏。家族にいたずらをされて笑顔

1歳頃にお母さんが働く託児所で。よく動くやんちゃな子に成長

5歳時に地元の七夕祭りに参加。この頃にバレーに興味を持つ

バレーボール少年団では小学校2年
くらいから試合に出始める

地区大会で優勝し、
誇らしげに賞状を掲げる

この頃から、現在の大きな武器である
ジャンプサーブも披露

清水邦広選手に憧れ、
「五輪出場」という目標に向けて日々進化

中学2年時には三重県選抜に選出。
レシーブなど守備も成長した

強豪校など8校からの勧誘を受けた
末に、三重県・海星高校に進学

サーブ、スパイク共に威力を増し、バレー
関係者の目に留まる選手に

高校時代は、部活以外にクラブチームでも活動。
そのチームで全国大会も制した

2年時には日・韓・中交流競技会メンバーにも
選出され、家族と食事会

高校2年時に日本代表ユースに選出。
両親からお祝いのケーキ

卒業式後に高校の中庭で。
Vリーガーとして新たなスタートを切る

高校の卒業式では、在学中の活躍から
体育賞、特別功労賞を贈られた

ジェイテクト内定選手時代に、浅野博亮（左）、
堺ブレイザーズの出耒田敬（中央）と食事

2018年5月の黒鷲旗大会で獲得した、
若鷲賞・敢闘賞・ベスト6のトロフィー

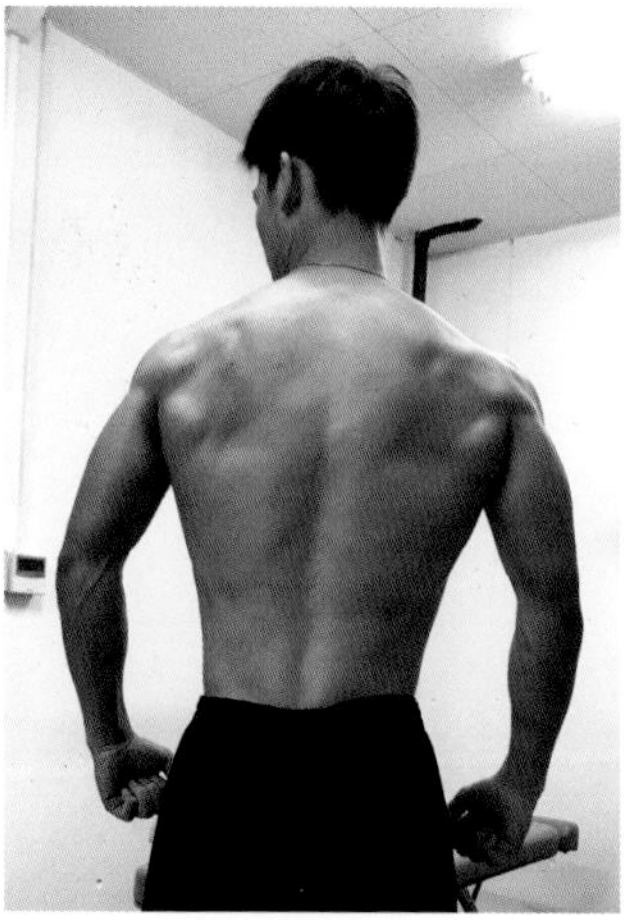

入団1年目の練習後のロッカールー
ムで、鍛え上げた広背筋を披露

2019年8月、チームメイト・本間隆太の
結婚式の合間に、仲間と記念撮影

2020年2月。バス移動の途中に寄った、サービスエリアの雪にテンションアップ

2019年、移動中のバス内でパシャリ。散歩して写真を撮る「ジャケ写部」の4人にファンからのプレゼント

2020年2月、チーム初のリーグ優勝。表彰式後にコートの中で

リーグ優勝を記念し、
チームメイトが輪になって撮影。
みんなが満面の笑み。左下が西田

2020-2021シーズンは天皇杯で初優勝

西田有志はさらなる進化へ突き進む

【3rd SET】

Vリーグ初優勝（2019－2020シーズン）

王者相手に見えた光明

２０１９年10月26日に開幕した「Ｖ．ＬＥＡＧＵＥ　ＤＩＶＩＳＩＯＮ1男子」。日本代表がＷ杯で28年ぶりの4位という好成績を残したこともあり、柳田将洋、山内晶大、髙橋健太郎、石川祐希が人気になった「ＮＥＸＴ４」を彷彿とさせる男子バレーブームが起こっていた。

特に「ベストサーバー」と「ベストオポジット」を受賞した19歳の西田有志は大きな注目を集めた。ジェイテクトＳＴＩＮＧＳの試合のチケットは、発売開始と同時に完売する事態が続出。リーグが始まると、会場で販売された西田のグッズはすぐに売り切れ、等身大パネルが置かれた写真撮影のコーナーにもファンが行列を作った。

西田はＷ杯終了後、欧州のリーグでプレーするために日本を発つ柳田（現在はサントリーサンバーズでプレー）、石川（アリアンツ・パワーバレー・ミラノ）に「日本のバレー人気をアップさせる役割はお前に任せた」と言われたそうで、「責任を感じました」と話していた。それが重圧になりそうなところだが、西田はエースとしてその〝責任〟を果たし、ジェイテクトは開幕から無敗で突き進んだ。

２０１８－２０１９シーズンに比べてチームの戦力もアップしていた。元ブルガリア代表の〝優勝請負人〟マテイ・カジースキ、前年度にフランスリーグで優勝を経験したリベロの本間隆太がチームに復帰。さらに「アジア枠」で中国代表の210cmの饒書涵《ラオシュハン》、東レアローズからは207cmの伏見大和がミドルブロッカーとして加入し、攻守で相手を圧倒する試合が増えていた。

悲願であるチーム初の優勝へ。乗り越えなければいけない最大の壁は、リーグ３連覇を狙うパナソニックパンサーズだった。

その王者とのレギュラーラウンド1試合目は、１レグ最後のホームゲーム（11月23日）。ジェイテクト本社から大応援団が駆けつけ、会場は超満員になったが、ジェイテクトはパナソニックに０−３のストレートで完敗した。

西田が「パナソニックさんが上手だった」と振り返ったように、パナソニックは日本代表の清水邦広と久原翼、ポーランド代表のミハウ・クビアクがバランスよく得点していった。一方でジェイテクトの攻撃は封じられ、西田も得意のサーブで８つのミスを犯すなど波に乗れなかった。

ジェイテクトは、２０１６−２０１７シーズンの「ファイナル６」以降、公式戦でパナソニックに一度も勝てていなかった。しかも内容で圧倒される試合が多かったため、「今年もパナソニックには勝てないのか……」と感じたファンも多いだろう。

しかし年が明けての2試合目、ジェイテクトの髙橋慎治監督（当時）は「対パナソニックさんの切り札として考えていた」という、ベテランの金丸晃大《あきとも》をミドルブロッカーでスタメン起用。金丸は髙橋監督が「横移動が早く、完成するのも早い」と高く評価するブロックでパナソニックの攻撃のリズムを崩した。

2セットを先取して迎えた第3セットは、パナソニックを14得点に抑え、〝天敵〟相手に圧勝。エースの西田も、3セットで終了した試合にもかかわらず30得点を記録。試合後には「今日は相手の動きがよく見えた」と振り返った。

「（パナソニックの）レシーブが深かったので、プッシュなどいろんな形で点を取ることができました。ブロックもよく見えて、最初はクロスを締めてきたので（スパイクを）ストレートに。ブロックが動くようになってからは、それに対応してコースを打ち分けました」

そう冷静に分析したあとで、西田は「パナソニックさんにも勝てるんやな」と笑顔を見せた。

初優勝をかけた激闘

しかし王者も黙ってはいない。ファイナルステージでの戦いも見据えた2月8日の3試合目は、ブロックで力の差を見せてストレート勝ち。首位決戦を制したパナソニックは翌日の

FC東京戦にも勝利し、レギュラーラウンド1位抜けを決めた。

一方のジェイテクトは2位でファイナルに進出。2019−2020シーズンで採用された変則的なトーナメントで、準決勝から戦うことになった。ジェイテクトはそこまで勝ち進んできたサントリーを下し、決勝で待ち構えていたパナソニックとの最終決戦に臨んだ。

その試合は、新型コロナウイルス感染拡大の影響で無観客になることが決まった。一時は「中止」というニュースも流れたが、そうなればリーグの規定により、レギュラーラウンドで順位が高かったパナソニックが優勝となっていた。のちに西田は、「試合がなくなったらその時点で（ジェイテクトは）2位だった。いろいろな困難を乗り越えて、試合を開催していただいたことに感謝しています」と振り返っている。

2月29日、観客席に両チームのフラッグが敷き詰められた中で試合がスタート。パナソニックは、西田、カジースキというジェイテクト両エースのサーブで失点することをなるべく避ける策が奏功し、一度もリードを許さずに第1セットを先取した。

しかしジェイテクトは、スタメンで起用した〝パナソニックキラー〟金丸の活躍などで第2セットを取り返す。続く第3セットは終盤までパナソニックにリードされたままだったが、苦しい場面で西田がサービスエースを決めるなど逆転し、ジェイテクトが王手をかけた。

第4セットも先にマッチポイントを迎えたのはジェイテクトだった。だが、西田がブロックでシャットアウトされるなど、2度のチャンスを決めきれず逆転を許し、フルセットに持ち込まれた。

そのセットを落としたあとの西田は、「めちゃくちゃ自分に腹が立っていました」と頭に血が上っていたという。第5セットにも影響が出かねないと判断した主将の本間隆太は、若きエースをなだめようと声をかけ続けた。試合後に「それでなんとか落ち着きを取り戻したようです」と本間が話したように、西田はセット間に冷静になることができた。

最終第5セットは序盤からジェイテクトが走り、途中1点差まで詰め寄られたものの、セッターの中根聡太が攻撃陣を使いこなして追撃を許さなかった。西田も2連続でスパイクを決めるなど突き放し、最後は伏見大和のサービスエースで激闘に終止符が打たれた。

試合後に流した涙の理由

チーム創設以来、ずっと手が届かなかった優勝。その悲願達成に大きく貢献した西田は、レギュラーラウンド終了時に確定していた「得点王（最多得点）」と「サーブ賞（サーブ効果率）」のタイトルに加え、MVPも獲得した。

決勝が終わったあとの整列で、西田は珍しく人目をはばからずに大粒の涙を流した。試合後の会見でその涙の理由を問われると、その時の心情を次のように話した。

「僕が〝日本一〟になれたのは、これまでの人生で初めて。素直にうれしいです。また、『このチームで勝ちたい。勝たなきゃいけない』と思っていたので、勝った瞬間にホッとして、涙が出たのかもしれません」

さらに、取材陣から家族へのメッセージを問われると、「いつも、会場まで試合を見に来てくれた。特に父の声は響いてくるのでわかるんですけど、それ以外でもいろんなメッセージをくれたりしたので、『支えてくれてありがとう』と言いたいです」と、少しはにかみながら答えた。

両親に連れられて、生後５カ月から体育館にいた西田。姉や兄のあとを追うようにバレーボールを始め、強者に勝つために努力を重ねて成長してきた。時には挫折も経験しながら、それに屈することなく力に変え、20歳にして日本一に上り詰めた。

もちろん挑戦が終わったわけではない。２０２１年夏に予定されている東京五輪、さらにその先へ――。がむしゃらに、しかし着実に進化を遂げてきた西田は、さらなる〝頂点の景色〟を目指して翔《と》び続ける。

【4th SET】

コロナ禍の自粛～リーグ開幕まで

突然の苦境。しかし目標は変わらず

２０１９－２０２０シーズン、チーム史上初のリーグ優勝を果たしたジェイテクトＳＴＩＮＧＳ。その優勝を決める試合は、新型コロナウイルスの影響で無観客での開催になった。

ジェイテクトのエースとしてチームをけん引した西田有志は、決勝後の記者会見で「海外の試合では、お客さんがほとんどいないこともよくある。だから別に気にならなかった」と話したが、この連載の取材で「対戦相手の清水邦広選手は『正直やりづらかったですね』と振り返っていましたが」と伝えると、少し考えてから苦笑し、こう述べた。

「確かに、試合直後には少し強がって『気にならなかった』と言いましたが、正直なところ、かなりやりづらかったです。特に２０１９年は日本代表がＷ杯で４位になった影響もあってお客さんがたくさん来てくださり、自分たちを後押ししてくれましたから。だから、観客席に誰もいなくて、スパイクを決めても歓声が上がらないことに戸惑いました。それまで味わったことがなかった感覚でしたね」

その１週間前のセミファイナルにも多くの観客が入っていただけに、違和感も大きかったのだろう。

そして、リーグ初優勝の喜びもつかの間、東京五輪の開催延期が決定する。小学校3年生の時に、北京五輪で清水や福澤達哉などが活躍する姿をテレビで見てから、西田は「オリンピックで活躍すること」を目標にしてプレーを続けてきたが、延期をどう受け止めたのか。

「延期が決まる前、リーグが終盤を迎えたところで日本代表メンバーの発表があって、そこで選んでいただけたので『オリンピック出場のためのスタート地点に立てたな』と安心しました。そうして近づいたと思った目標がいきなり遠くなったわけですから、ショックは少なからずありましたね」

西田は「本当にこんなことがあるのか」と、今までにない感情になったというが、すぐに気持ちを切り替えた。

「ショックを受けるということは、それだけバレーボールに真摯《しんし》に取り組んでいるからなんだと思いました。また、代表の中垣内（祐一）監督も4月の代表合宿で『（この延期を）プラスに考えなきゃいけない』と話されていましたが、翌年に向けてパフォーマンスをよくしようと、思考をポジティブに持っていくことができたんです。自分を含めて、代表選手の全員がそういう気持ちだったと思います」

状況が厳しいことは理解していたが、自身を成長させていくという気持ちにブレはなかった。

「一時はバレーボールができなくなりましたが、すぐにオリンピック出場を目指して練習することができました。目標達成のためには、これまで以上にひとつひとつの練習を、一日一日しっかりとやっていかないといけない。またいつバレーボールができなくなるかわからないですし、それ以外にも思いもよらない壁がいくつも立ちふさがるでしょうから。そういった壁ができた時に、どう乗り越えるか。それを繰り返すことによって、もっと成長していけるはずです。

延期によって生まれた1年間は、よりいい準備をするために神様がくれた時間だったんだと思っています。練習だけでなく普段の生活から気を引き締めて、『あれだけ時間があったのに、自分は何をしていたんだ』と後悔することがないようにしてきました。目指すべき到達点を忘れなければ、絶対に前を向けるんです」

その「到達点」とは、オリンピックの舞台でメダルを獲得すること。西田が常に口にしてきた、「絶対に変えない目標」だ。五輪開催の延期にショックを受けながら、その現実と正面から向き合うことによって、再びモチベーションを高めていった。

２０２０年度の日本代表の活動は公式戦なしに終わったが、選手たちは8月2日にライブ配信された紅白戦で生き生きとしたプレーを見せたあと、所属チームに戻ってVリーグ開幕に向けて調整を進めた。ジェイテクトのエース・西田が狙っていたのは、もちろんリーグの連覇だった。

バレー以外のことと向き合う時間

２０２０年３月24日、Ｖリーグの開幕延期が決定。さらに、４月に入って緊急事態宣言が出されたことで、ナショナルトレーニングセンターで行なっていた日本代表（男子）の合宿も中断された。チーム練習も控えざるを得なくなったが、その自粛期間中、西田はどんな生活をしていたのか。

「バレーボールができず苦しかった中で、やれることを一生懸命探しました。家の中でできるトレーニングもしましたが、チームの体育館を『個人でなら使ってもいい』としていただいたので、かなり鍛えることができました」

もともと体脂肪率が低かった西田だが、この時期は５％まで落ちたという。

また、自粛期間中にはＳＮＳ上の「バレーボールクイズラリー」という企画にも参加。その最後を任された西田は、インスタグラムから「今バレーボールのＦＩＶＢ記録の中で一速いサーブは何キロでしょう」（原文ママ）という問題を出題した。すると、その記録（132キロ）を持つイタリア代表のエース、イヴァン・ザイツェフがこの投稿を取り上げて「マイフレンド」とコメントし、バレーファンがザワついた。

「リーグ優勝したあと、しばらくしてザイツェフさんから『優勝おめでとう』というダイレクトメッセージが来たんです。そこから『来季はどこでやるの？　今は何をしているの？』といったやりとりをしました。だから、クイズラリーが回ってきた時に『世界でサーブの最速の記録は？』というザイツェフさんに関するお題を出してみたんですが、自身のインスタグラムで取り上げてくれて『マイフレンド』とコメントもくださった。すごくうれしかったですね」

　そういったＳＮＳでの発信や、トレーニング以外の時間は掃除や料理などもするようになり、「バレー以外のことと向き合う時間ができました」と振り返る。一時期は「自宅カラオケ」にもハマった。ジェイテクトの主将、本間隆太とは「カラオケに行きたいね」とメッセージを送り合ったそうだが、実現は難しい。そのため、ゲーム機のカラオケ機能を使って熱唱したという。

「騒音対策をして、ひとりで歌っていました。ブルーハーツさんの『人にやさしく』とかを、思い切りでかい声で（笑）。けっこうストレス発散になったと思います。家事なども、今までは遠征と練習の繰り返しで家にいる時間が短かったので、家の中で集中して何かに取り組めたのはよかったですし、気づきもありました」

取り戻した「バレーボールをやりたい」という気持ち

その気づきとは、掃除をした時のこと。風呂場のカランなど、これまで手をつけていなかったところまできれいにすると、大きな満足感を得ることができた。自宅がきれいじゃない時はトレーニングに集中できないことに気がつき、より丹念に掃除をするようになったという。

「そういった家のことなども全部、バレーボールにつながるのかなと。これまではない競技との向き合い方でしたし、その中で『バレーボールをやりたい』という気持ちを取り戻すことができました」

やはり当初は、「五輪に出場する」という目標が遠ざかったこと、ボールを使っての練習ができないことに戸惑いもあったようだ。

「目標がいきなり目の前から消えて、そういった時の気持ちをどうコントロールするかは、初めてのことでしたから。（中断された）4月の代表合宿のあと、2週間くらいボールに触れなかったのが、一番きつかったかもしれません。

でも、いろいろ考えて、『この時間を無駄にしたくない』と思いました。バレーができないことをプラスに考え、過去のリーグのデータをたくさん見たり、家でバレー以外のことをやったり。そのうちに『やっぱり自分はバレーボールがやりたいんだな』という気持ちが湧いてきましたし、『もっと上に行こう』と思うようになりました」

結局、リーグは10月17日に開幕したが、ファンが楽しみにしていた試合があった。4季ぶりに日本でプレーすることになった日本代表の元主将、柳田将洋（サントリーサンバーズ）との対戦だ。西田は、柳田と別チームで戦うことが初めてだったが、「特別に意識してはいけないと思います」と話していた。

「サントリーはマサさん（柳田の愛称）個人で戦っているわけではないですから。マサさんと自分がどういった影響をチームに与えることができて、どういう試合展開になるかはすごく楽しみ。個人で戦うのではなく、チームで勝つことを忘れてはいけないと思っています」

それでも、同年の5月に行なった柳田との合同インスタライブでは、柳田から「お前のサーブ、絶対Aパス（セッターが動かずにトスアップできるサーブレシーブ）で返す」と宣言された。そのことについて尋ねると、西田は次のように答えた。

「個々の選手を狙うことは、それができる技術の証明でもありますよね。チーム戦術に合っているようだったら、もちろん（柳田を）狙わせていただきます（笑）」

一方で、日本代表の絶対エースである石川祐希は、2020－2021シーズンもイタリア1部・セリエAでプレー。シーズン初戦でいきなり試合のMVPに選ばれる活躍を見せた。パドバからミラノへの移籍を発表した6月10日当時は、リーグがどのように開催されるかも不透明だった。そういった状況で石川が下した決断について、西田はどう思ったのか。

「僕は驚かなかったですね。祐希さんは常に高いレベルのリーグにいることを選ぶだろうと思っていましたから、ミラノに行かれると聞いて『やっぱりな』と。常に挑戦し続ける姿がすごくかっこいい。そういう点で、自分はいつも祐希さんのことを信じています」

日本で互いを高め合うことになった柳田。イタリアで挑戦を続ける石川。2人と共に世界と戦う日が来ることを信じて、新たな形でバレーと向き合った西田は、さらなる成長を遂げていく。

代表に入ってきた頼もしき後輩たち

4月に出された緊急事態宣言が解除されたのは5月下旬。ステイホーム中に家事などにも集中して取り組んだ西田は、徐々にコロナ禍以前の練習に戻していったという。

「ウェイトトレーニングやボール練習など、いつもどおりの練習ができるようになっていきました。自粛期間中もコンディションは落とさなかったですし、久しぶりのボール練習も、それほど違和感はなかったです」

中断された代表合宿も6月下旬から再開され、一度に選手全員が集まるのではなく、段階的に少しずつ合流していく方法が取られた。２０２０年度の合宿には、1月に春高バレーを制した京都の東山高校のエース・高橋藍《らん》（当時：日本体育大1年・アウトサイドヒッター）や、その前年に優勝した〝洛南《らくなん》カルテット〟のひとり、大塚達宣《たつのり》（当時：早稲田大２年・アウトサイドヒッター）も招集された。

西田が初めて代表に招集されたのは、ジェイテクトの内定選手として活躍し、〝高校生Vリーガー〟として注目されるようになった２０１８年の4月のこと。その時は高校卒業間もない18歳で、チーム内で最年少だったが、年下の選手が入ってきたことについては、

「特別に意識することはないですよ」と笑顔で話した。

「年齢ではなく、代表選手のひとりとして見ていました。彼らが日本代表に呼ばれるだけの強みがあることは理解しています。合宿ではうまくアピールできているように感じました」

西田は高校時代、春高バレーに出場できなかったが、同大会でヒーローになった髙橋や大塚に対して思うところはなかったのだろうか。

「代表に選ばれたのは春高での活躍もあってのことでしょうし、高校時代の経験値は僕よりも高いと思います。でも、そもそも僕は代表選手の中でそういった経験が一番少ないですから気にしていません。高校3年の時には、1年生だった（髙橋）藍と練習試合をしたことがあって、すごくいい選手だったことを覚えています。今でも高校生同士なら意識する存在かもしれませんけど、立場が変わりましたし、僕の考え方も変わったのかなと思います」

そういった新たな力とも切磋琢磨していくことになり、スタメンを確保したように思えた日本代表のオポジットのポジションについても「確約されてない」と気を引き締めた。自身の成長のため、フィリップ・ブラン代表コーチからも言われている「ハイセット（サーブレシーブなどが乱れたあとの、ブロックがつくことを前提とした高いトス）の打ち方」など、細かい部分を意識して練習したという。

例年なら、試合で同じような場面を経験することで感覚を摑んでいくのだろうが、2020年度は海外チームとの試合を一度もすることなく代表合宿が終わった。それでも西田は「課せられたことをクリアして、それ以上のことをしていきたい」とストイックに自らを高めていった。

「練習をたくさんすること、自分の体について考えることも『努力』だと思いますが、僕はその言葉をあまり使いたくないんです。バレーと向き合う時には、常に努力している状態でいることが普通だと思っているので」

石川祐希も驚いた体の変化

代表合宿は、普段は別々のチームに所属する選手たちとコミュニケーションが取れる貴重な機会だ。イタリアのセリエAでプレーする石川とは、その時の合宿では雑談をすることが多かったという。

「祐希さんとは『来年も代表に入ってオリンピックに出るには、この1年がすごく大事』といった話もしましたが、気持ちをリラックスさせる話題が多かったと思います。バレーから離れる期間が長かったこともあって、僕も息抜きをする大切さというか、切り替えの部分も大事にしていこうという意識があったのかもしれません」

石川は代表合宿で西田を見て、「体がひと回り大きくなっていたのでビックリした」とコメント。自粛期間中のトレーニングの成果に驚いたようだ。

「（石川と）トレーニングを一緒にやった時などにも体の話はしましたね。筋肉の大きさを張り合っていたわけじゃないですよ（笑）。確かに体が大きくなりましたが、ただ重いウェイトを上げていたわけではなく、いろいろと考えながら鍛えた結果です。練習や試合をしていくうちに、もっとバレーに適した体になっていくと思います」

また、２０２０年度まで代表の主将を務めていた柳田将洋（２０２１年度の主将は石川）とは、「発信する大切さ」についても話したという。西田は柳田と合同インスタライブを実施するなど、積極的に情報を発信しているが、プレーするだけではない自分の役割を次のように話す。

「マサさんとは、メディアなどに露出が多いメンバーが、いろんなアクションをしていくことの大切さについて話しました。それはバレーボール界にとっても、自分自身の意識を高めるためにも必要だと。マサさんは本当にバレー界のことを考えていますね。ほかにもプレーのこと、バレー以外のこともたくさん話して、その内容を全部伝えようとしたら、何分かかるかわかりません（笑）」

８月の初旬には、無観客での紅白戦（３セットマッチ）が行なわれた。ケガなどによって出場できない選手もいたが、試合はインターネットでライブ配信され、多くのバレーファンが久しぶりの代表の試合に熱くなった。

西田は石川と同じチームで臨み、第1セットを落としたものの、続く2セットを取り返して勝利した。

「第1セットは空回りして、サーブ、スパイク、レシーブなどでミスが多かった。そのミスをなくそうと、第2セット以降は切り替えられたので勝ち越せたんだと思います。久しぶりの試合で気負いもあったんでしょうけど、やっぱりリラックスが大事ですね」

　新しいメンバーが入ったこともあり、モチベーションが高まった久々の試合。西田はそこでの改善点について、スパイクのコース幅、サーブでもっとコースを狙うことを挙げた。特に２０１９－２０２０シーズンのVリーグで「ベストサーバー」に輝いたサーブについては、「『いい』と言ってくれる方もいますけど、満足できません。もっと突き詰めていきたいです」と貪欲だった。

　２０２０－２０２１シーズンは、しばらく観客数が制限（アリーナ収容客数の50％以下）されたが、「無理をすると感染のリスクが上がってしまいますからね。多くの人に見に来てもらいたいですし、寂しさは当然ありますけど、今はバレーができることを前向きに考えていきます」と話す。代表合宿で新たな刺激と課題を見つけた西田は、開幕に向けて気持ちを高めていった。

ユース時代のライバルや新戦力の加入

初めてVリーグ王者として戦うことになった、ジェイテクトにはさまざまな変化があった。

9月12日に初めてオンラインで開催されたファン感謝祭では内定選手が発表され、アンダーカテゴリーでスタメンを争った一学年上の左利きのオポジット、宮浦健人（当時・早稲田大４年）の姿もあった。

２０１７年のアジア選手権で、史上初の金メダルを獲得したユースチームの主将を務めた宮浦は、大会のＭＶＰも獲得。ポジションを奪取できなかった西田が、「（宮浦と）同じことをやっていたら超えられない」と、高校卒業後に大学に進学せず、Vリーグ入りを決意した理由のひとつになった選手だ。

宮浦がチーム練習に参加するのはもう少し先だったが、西田は「宮浦選手のプレーは3年間見ることができなかったので、どんな選手になっているか楽しみです。違うチームで対戦するより、一緒のチームでやれるうれしさもありますね」とコメント。ポジションを争うライバルでもあるが、「吸収できることがたくさんあると思う」と、頼もしいチームメイトの加入を歓迎した。

２０１９－２０２０シーズンのチームとは「外国人選手」と「セッター」にも変化があった。まず外国人選手はマテイ・カジースキがチームを去り、36歳の元ブラジル代表、フェリペ・フォンテレスが新たに加入した。フェリペは攻守に長けたアウトサイドヒッターで、リオ五輪ではチームの地元優勝に大きく貢献。Vリーグでのプレー経験もあり、２００７－２００８シーズンに36年ぶりの優勝を果たしたパナソニックパンサーズのメンバーだった。

入国後の隔離措置などでチーム合流は遅れたが、その前に西田はフェリペに対する期待を次のように話していた。

「国際大会で何回もメダルを手にしている偉大な選手。性格がいいと聞いていて、日本語もけっこうわかるらしいんですよ。キャリアが長い分だけ経験値も豊富ですし、彼を知る人いわく『すごくホット！』という人との接し方を含めて、できるだけ多くのことを学びたいです。

プレーを映像で見た印象としては、ディフェンシブな選手で駆け引きがうまいですね。攻撃面ではサーブが強くて、速いトスを打つ技術が高い。身長（197cm）は海外のアタッカーの中では大きくないですけど、クイックネスがあってジェイテクトに合っている選手だなと思いました」

一方のセッターは、初のリーグ優勝時にコートに立っていた中根聡太が引退。中根との併用が多かった、2年目の小林光輝にかかる負担が大きくなることが予想されたが、西田は「小林選手を含め、セッター陣はみんな能力が高いので心配ない」と述べたあと、スパイカーとしての覚悟を次のように語った。

「セッターが上げたボールがどんなに苦しいものでも、それが打てるボールだったら、あとはスパイカーの責任だと僕は思っています。選手が変わった時に、『セッターが変わったから負けた』などと言われることがありますが、その表現は間違っている。試合の中でセッターをうまく乗せるのも周りの選手の役割ですから」

リーグ連覇に向けた進化

10月13日には、同じ愛知県を本拠地とするウルフドッグス名古屋（旧豊田合成トレフェルサ）との練習試合を行ない、コンビネーションなどを確認。相手チームの速さにも対応できたことで、一定の手応えを掴んだ。

個人としても、サーブの球速が上がって120キロ前半をコンスタントに出せるようになった。しかし西田は「あくまで自分の体に合った最大限のサーブを打てるようになることが目標」と冷静に話した。目指すのは、相手のリベロなどの位置を見てコースを打ち分けられることで、「まだ見せていない新しい打ち方も練習している」と、さらに進化に意欲を見せていた。

スパイクに関しては、名古屋との試合でブロックアウトの打ち方などを確認。シーズン開幕に向けてジャンプ力が上がり、ブロックの上から打てるボールもあったようだが、海外チームとの試合を想定し、ひとつひとつのスパイクを考えながら打っていたという。

「Vリーグでもブロックの上から打ち続けることはできないですし、海外チームとの試合になったらなおさらです。僕が見据えているのは海外トップチームに勝つことなので、苦しい状況になったことを想定して技術を高めていく必要がある。試合でそういった感覚を確かめることができるようになってきたので、だいぶモチベーションは上がっています」

西田がシーズン前に掲げた目標は、「得点王」と「サーブ賞」という2冠に輝いた前年の自分を超えること。そして自身の成長はもちろん、チームがより高みを目指す必要があることを強調した。

「優勝したのは、もう過去のこと。リーグが始まってからも、チームは戦いながら変化していくものですが、ジェイテクトはその変化が一番大きいチームにならないといけない。昨シーズンの優勝チームなので対策も練られているでしょうけど、自信を失わずにそれを上回っていきたいですね。全員がこのチームで戦うプライドを持ち、それぞれの役割をしっかり果たして、目の前の試合を勝っていきたいです」

そうして、西田とジェイテクトの、新たな挑戦が始まった。

【Final SET】

天皇杯、初制覇（2020−2021シーズン）

スタートでのつまずき

10月17日の「Ｖ．ＬＥＡＧＵＥ　ＤＩＶＩＳＩＯＮ１」リーグ開幕戦で、ジェイテクトＳＴＩＮＧＳは東レアローズ相手に3－1と勝利。新型コロナウイルスの影響で、入国が遅れた外国人選手をお互いに欠く中、ジェイテクトのエース・西田有志は両チーム最多の39得点を挙げて勝利に貢献した。

試合後、勝利者インタビューに指名された西田は、その日が誕生日だった主将の本間隆太に向けて『ハッピーバースデー』を歌い、会場を盛り上げた。勝利者インタビューで歌った選手はかなり珍しい。

しかし翌日は、同じ東レ相手にフルセットでの辛勝。翌週の10月23日の試合では、それまで勝ち星がなかったＶＣ長野トライデンツ相手にもフルセットに持ち込まれるなど、少し苦しいスタートになった。

23日のＶＣ長野との試合から、チームに新加入したリオ五輪金メダリスト、ブラジル代表のフェリペ・フォンテレスも出場したが、本調子とは言えなかった。早くから外国人選手が合流したチームに比べると、チーム状態の上げ方が難しい部分もあったのかもしれない。

また、ジェイテクトが、「王者」として臨む初めてのシーズンでもあったため、西田自身やチームメイトに硬さがあったのだろうか。

「それは感じられませんでした。昨年がどうだったという意識はプレーする上でマイナスにしかならないので、誰ひとり、そういうことは考えていなかったと思います。優勝したのは去年で、今年は今年。今シーズンをどう戦うのか、各チームに対してどんな対策を練っていくのかということに集中しています」（西田）

２０１９－２０２０シーズンの初優勝には、２０２０年６月に退団した外国人選手のマテイ・カジースキの活躍も大きかった。新加入したフェリペの印象について、西田は次のように語った。

「彼自身、だんだんコンディションが上がってきていると言っていますし、チームに与える影響力も大きいです。強いブラジルで培ってきた気持ちの熱さ、勢いを保持しながらの丁寧なプレー、ボールや得点への執着心……。チームが大切にしないといけないことを体現してくれている。何より、彼はオリンピックで優勝しているので、その経験から学ぶべきこともたくさんあると思います」

苦しんだ変化への対応

コロナ禍で外国人選手の合流時期に差が出たこと、観客数が制限（各会場の入場者数はキャパシティーの50％以下）されたこともそうだが、Ｖ１男子とＶ２男子の一部で、週末に行なわれる2試合が同一カードになったことも、２０１９‐２０２０シーズンまでと異なる点だ。

それについて西田は、何試合か消化したあとに「『難しい』というのが率直な気持ちです。同じチームが相手でも、１日目と翌日では〝別のチーム〟になっているので、対策の仕方も変わります。ただ、うまくいかなかった点を修正することもできると思います。それがチームの伸び代であり、課題ですね」と語った。

結果だけを見れば、Ｖ１男子で１日目と２日目で勝敗が変わった試合はそれほど多くなかったが、そのうちのひとつが、11月14日、15日に行なわれたジェイテクトvsサントリーサンバーズ戦だ。

両日ともフルセットの大接戦になり、14日はサントリーが、ロシア代表のドミトリー・ムセルスキーと柳田将洋の奮闘で先制。しかし15日は、西田が64打数33得点、ブロック４得点、サービスエース３本を決める大車輪の働きで接戦をモノにした。

西田は14日の敗戦後、「チームがバレー以外のところでブレがある」と唇を噛んだ。翌日の試合後の会見には姿を現さなかったが、セッターの久保山尚《しょう》が「課題をある程度は修正できたと思う」と、〝ブレ〟の具体的な内容を避けつつコメント。久保山はさらに、西田についてこう話している。

「自粛期間中に西田はかなりトレーニングをしてパワーをつけたんですが、それをコントロールしきれずに力んでしまう場面もあるように見えますね。彼はたくさん（スパイクを）打ってリズムを摑んでいくタイプなので、早い段階からトスを回してエンジンをかけてあげられるよう気をつけています。パワーをコントロールできるようになったら、昨シーズン以上の成長を見せてくれると思いますよ」

エースの自覚と厳しい言葉

打数が多くなることに関しては、西田の状態を心配するファンもいたかもしれない。

10月31日と11月1日のパナソニックパンサーズ戦で、西田はベンチから外れた。髙橋慎治監督によると「右膝の違和感」ということで、そこまで大きなケガではなく本人は出場するつもりだったようだが、チームがストップをかけた。結果は、２０１９－２０２０シーズンの優勝を最後まで争った相手にセットカウント1-3、0-3と連敗した。

翌週の大分三好ヴァイセアドラー戦では、11月7日はベンチには入ったものの出場せず（チームは3-0で勝利）。翌日は大分三好に第1セットを取られたあとに途中交代で出場し、49打点24得点と大奮闘してフルセットの試合を勝ち切った。

打数の多さについて問うと、西田は「試合で疲労は残らないタイプなので。痛みもまったくないです」と笑顔を見せた。ただ、ほとんどゲーム練習をしていない状態での投入だっただけに、「（ケガした箇所を）気にしてしまうところはありました。気にしてかばってしまうと、別の個所を痛めてしまうことがあるので、反省しないといけない」と気を引き締めた。

リーグで試合に出なかったのは、今回が初めて。プレーできないもどかしさはあったようだが、「リーグはまだ長く続きますし、焦りはありませんでした」と振り返った。

冷静に、コートの外から見たチームは西田の目にどう映ったのか。

「チーム自体の動きはそんなに悪くなかったです。でも、『そんなに悪くなかった』ということは、『100％ではなかった』ということ。どれだけのクオリティーを求めるかが重要だと思います」

西田は当時まだ20歳だったが、チームを背負うエースとして勝利をもたらすために、チームメイトには自分の意思をはっきり伝えてコミュニケーションを取っていた。

「『やるべきことをやって先に行くのはいい』けど、『やれてないのに先に行くことはできない』と何度も話しています。（連敗明けの）大分三好との2試合は勝ててよかったですけど、日曜日の試合は落としてはいけないボールを落としてしまっていた。それが前日に勝った緩みなのか、疲労からなのかはわからないけど、口にしてしまったら言い訳になる。そこにプライドを持つことが、リーグを戦っていく上でもっとも大事だと思います」

ケガ明けに髪が銀色に変わったことについては、「心機一転とか、そういうことではないんですけど（笑）」と少し照れつつも、〝変化〟についての考えを口にした。

「目立つことをすれば注目もされるので、自分にプレッシャーを与える効果はあるかと思います。バレーのシステムなどもそうですけど、同じようなことを繰り返すだけだと周囲から遅れていってしまう。髪の色はそんなに重要じゃなくて、そういう意識を忘れないことですかね」

10試合を終えた時点で、ジェイテクトは7勝3敗（18ポイント）で5位。西田は「パーフェクトに近い試合を繰り返していかないと勝ち続けられない」と力強く述べ、リーグ後半戦に気持ちを新たにした。

手にした新たなタイトル

2020年の天皇杯は、新型コロナウイルスの影響で予選ラウンドが中止になり、ファイナルラウンドのみが行なわれた。そのファイナルラウンドも準決勝までは無観客試合。1部リーグの全チームと、各カテゴリーからの推薦による16チームが出場予定だったが、感染者が出た2チームが辞退するなど異例ずくめの大会になった。

そんな中でジェイテクトは、順調に12月20日の決勝まで勝ち進んだ。ジェイテクトが天皇杯の決勝に進むのは、V1昇格1年目で出場した2013年度の大会以来。当時はジェイテクトが勢いに乗って優勝するかと思われたが、東レアローズが長らくV1で戦うチームの意地を見せて優勝した。

2度目の決勝の相手は、2019-2020シーズンのリーグファイナルと同じパナソニックパンサーズ。パナソニックのオポジット・大竹壱青は日本代表で同じポジションを争う選手でもあるが、西田は「代表でのポジション争いという点は、まったく意識していませんでした」と振り返る。

「代表に招集されたらそこで競争すればいい。リーグの試合ではジェイテクトとして勝利することだけを考えています。でも、決勝の大竹さんはすごく調子がよかったので苦しめられました」

　その言葉どおり、大竹は56・3%という高いアタック決定率で18得点。サービスエースも4本決め、第2セットを終えてセットカウント1－1のシーソーゲームになった。

　しかし西田は、大竹を上回るアタック決定率57・7%で得点を重ねて流れを引き寄せる。最終的にサービスエース4本、ブロック3本を含む37得点を挙げ、第3、第4セットを連取してチームを大会初優勝に導いた。

　試合を終えたあとには、大竹と言葉を交わす場面も。「試合の話はしてないですよ。『お疲れさまです』くらいは言いましたけど、あとは雑談です」とのことだが、2人の笑顔が好試合を象徴していた。

　決勝は、人数制限はあったものの有観客で行なわれたこともあり、西田はコートインタビューで「観客のみなさんと一緒に優勝できてうれしい」とコメントした。前シーズンのファイナル決勝は無観客試合で、「ファンの方たちが見ている中でバレーボールができるのは、まったく当たり前ではない」と西田も自覚する中、優勝の喜びを分かち合えたことに感慨もひとしおだったようだ。

「トスは50％くらいをキープしてくれたらいい」

２０２０-２０２１シーズンのジェイテクトは、コロナ禍で外国人選手の合流が遅れたこと、前シーズン終盤にスタメンで活躍したセッターの中根聡太が引退したこともあり、10月の開幕からしばらくチームがフィットしていない印象があった。11月には西田が練習中に足をケガして欠場し、西田本人も「もどかしい思いがありました」と話していたが、天皇杯決勝に向けて「自分もチームもピークを合わせることができた」と手ごたえを口にした。

「チームとしてクオリティーを上げられるところはたくさんあるので、まだ満足はできません。でも、そういった課題が形として見えてくることは、個人としてもチームとしてもいいことだと思います」

セッターが変わったことについて、ジェイテクトの高橋慎治監督は「西田も最初は合わせるのが難しそうでしたが、天皇杯決勝には合わせてくれたと思います」と好評価。西田は、そこに至るまでのコミュニケーションの大切さを次のように話した。

「すべてAパス（セッターが動かずにトスアップできるサーブレシーブ）が上がって、いいリズムで打つことができたら簡単に勝てますが、それができないのがバレーボール。僕は、『100％でいいトスが欲しい』わけではなく、『50％くらいをキープしてくれたら、あとはスパイカーが合わせる』と思っているので、その点をしっかり話し合うことができました。

細かく『こうしてほしい』と要求するよりも、『ここらへんに、このくらいのスピードでトスを上げてくれればいい』というほうがセッターもやりやすいはず。僕も、どんなトスがきても決められる確率が高まっていくんじゃないかと思います。いろんな特徴があるセッターに合わせる〝観察力〟もスパイカーには求められると考えていますし、それをすり合わせるコミュニケーションは自分から取るようにしています」

セッターとの関係だけでなく、チーム全体のまとまりも強まっていった。それは、パナソニックの〝支柱〟で、世界選手権を連覇したポーランドの主将であるミハウ・クビアクに対するプレーからも感じられた。

クビアクは身長192cmと海外のバレー選手としては小柄だが、卓越したテクニックを生かして攻守で活躍し、日本のバレーボールファンも一目置く存在。西田が高校生でVリーグデビューを果たした時には、余裕をもって〝あしらわれた〟感もあったが、天皇杯の決勝ではクビアクの攻撃をブロックで止めたり、ワンタッチを取ったりする場面が多く見られた。

西田はクビアクについて「世界のトッププレーヤーで、いろんな引き出しを持っていることは、ここ数年の対戦で十分にわかっています。自分がマッチアップしても全部を抑えられるわけじゃない」と認めつつ、「後ろのチームメイトに任せるために、攻撃の選択肢を確実にひとつ潰そうとした」と、チームで止めることを意識していたことを明かした。

結果、クビアクをスパイク決定率42・3%、13得点と波に乗せなかった。西田は「ネット際のいろいろな駆け引きは楽しかったですけど、課題も明確に見えたので、そこは技術を向上させてカバーしないといけない」と気を引き締めたが、確実にチームの勝利を手繰り寄せた。

もうひとつ、ジェイテクトの選手たちはこの決勝で「勝つ」という言葉をあまり口にしなかったという。それは士気を上げなくていいということではなく、それぞれが〝仕事〟に集中するための意識づけだった。

「リーグ戦でも、2セットを先取して『このまま勝とう』と思った時に逆転負けすることがあったように、(勝ち急ぐことは)不安材料にしかならない。だから、『自分たちがきっちり仕事をする』ことに集中しました。そう考えることがプレーの安定感、自信につながってチームがまとまり、勝利につながる。今後も継続してやっていけたらと思います」

天皇杯のために中断していたリーグ戦は1月8日に再開される予定だったが、緊急事態宣言の再発令に合わせ、全カテゴリーで延期に。結果としてジェイテクトは、年明け最初の試合を再びパナソニックと戦うことになった（1月16日、17日）。そこから、リーグの上位争いは激しさを増していった。

バレー界では珍しいＹｏｕＴｕｂｅを始めた理由

リーグが中断期間に入った２０２０年12月６日、西田の公式ＹｏｕＴｕｂｅチャンネルが開設された。「99の質問に答えてみた」「100キロ超えのサーブを教えてみた」といった動画がファンの間で話題となり、チャンネル登録者はあっという間に増えていった。

動画の内容については、「基本的には自分がやりたいと思ったことを、動画を作るスタッフさんたちに相談している」という。

「動画のコメントを見てテーマを決めることもありますね。ジェイテクトのチームメイトである柳澤広平選手にも出演してもらった、僕が未経験者（動画スタッフ）にサーブを教える動画もそうです。

99個の質問については、ＹｏｕＴｕｂｅを始めるにあたって、しっかり自己紹介がしたかったので。チャンネルを見る人の中には、僕が何者かわからない人もいるわけですから、『こういう人間で、こういったことをやっています』というのを伝えるべきだろうと」

日本のバレーボール選手が、個人で公式チャンネルを開設することは非常に珍しい。もともと西田は、国内だけでなく海外での人気も高く、公式チャンネルの開設は世界中のファンが待っていただろう。

「ＹｏｕＴｕｂｅは世界中どこからでも見られますからね。もちろん日本の方たちにも動画を見てもらいたいんですが、僕を応援してくれている海外のファン、まったく僕を知らない人にも届けたいです。

海外の視聴者からは『タイトルを英訳してほしい』『英語の字幕をつけてほしい』といった要望があるので、できるだけ応えていきたいです。そういう積み重ねで、チャンネルを広められたらと思います」

他競技のアスリートたちが積極的に発信をする中で、バレー界はそういう試みが活発ではない。そこへの危機感も、ＹｏｕＴｕｂｅを始めるきっかけになった。

「オリンピックが近づいているのに何もしなかったら、大会で注目されたとしても、バレーボール人気は低迷していってしまうんじゃないかと思いました。いろんな視点から、バレーボールのことをもっと知ってもらいたかったですし、『自分がやるしかない』となりました。

ＹｏｕＴｕｂｅでは、動きや声などでより〝リアル〟を伝えやすい。いつも観客席から見ていただいているバレーボールを、選手に近い目線で感じてもらえるんじゃないかと思っています」

　これまでの動画での西田は、企画説明なども含めてかなり流暢《りゅうちょう》に話している印象がある。だが、台本などは用意していない。

「これもスタッフの方と話し合ったことですが、台本を作ってしまうとだいたい想定した結果になってしまうというか、先ほど言った〝リアル〟な感じがなくなってしまうと思うんです。そういうかっちりした内容はタレントさんなら面白くできるでしょうけど、僕はスポーツ選手なので。もしバレーボールをやめて、競技とは別の活動をしていくとなったら台本も必要になるかもしれないですが、今は選手として、その時その時の感覚をしっかり言葉にすることを大切にしています」

　普段から、西田は料理や他競技のスポーツ選手の動画も積極的に見るという。単純に楽しむこともあるようだが、成長につなげるため、という意識もあるようだ。

「格闘技ではＲＩＺＩＮで活躍している朝倉海《かい》さんのチャンネルをよくチェックしています。中学校でバレーボールをやっていたそうなので、それも縁を感じますし。格闘技をやっている方たちは〝目がいい〟ので、バレーボールにも生かせることがあると思います。俊敏さではバレーボール選手より上でしょうし、そういったところをどのように高めているのかも気になりますね。
ほかにも、トレーニングだったら『ぷろたん』さんや『ＪＩＮ』さん、料理では『きまぐれクック』さんや『谷やん』さんなどの動画を見ています。基本は、今の自分が必要としているものですね。アスリートの日々の過ごし方、参考にできるトレーニング、料理も体作りを考えて自分で作ってみようとなりますし。でも、面白い系で『江頭２：50』さんの動画も大好きですよ。もちろん内容は面白いですし、人としてもすごく尊敬しています。そういったオススメの動画は、周りの人に勧められて見ることが多いです」

２０２１年3月には、朝倉海とのコラボ動画もアップした。西田のチャンネルでは朝倉にバレーを教え、逆に朝倉のチャンネルでは西田もグローブをつけて対戦。体に紙風船をつけて、それを割り合うという内容だった。西田は、朝倉の鋭いステップインからのパンチで風船を割られ、驚きの表情を見せた。

「僕は目がいいほうだと思うんですけど、打たれたのに気づきませんでした。あんな感覚は初めてです。バレーもスパイクのスピードは速いですけど、的が大きくてある程度距離がある。格闘技は拳が小さくてすごく距離が近く感じました。もともと格闘技は好きでしたが、知ったことでよりハマりそうな気がします。

状況判断の速さも参考になりますし、体の使い方など、いろんな話ができました。こういった交流を増やして、自分の成長につなげたいです」

日々の練習や試合があるため、動画アップの頻度は決して高くはない。しかし西田は、〝本業〟のプレーで結果を出すことが、ＹｏｕＴｕｂｅを見てもらうためにも大事なことだと捉えている。これからも、プレー、動画の両方でファンを楽しませてくれるだろう。

リーグ終盤でも順位は見ない

天皇杯で優勝したジェイテクトだったが、リーグ再開後、天皇杯決勝のリベンジを期するパナソニックに２連敗となった。さらに、翌週のウルフドッグス名古屋戦も連敗。特に、名古屋との２戦目は、第１、第３セットでジェイテクトの得点が20点に届かないなど、一方的な内容だった。

リーグが中断していた影響もあったのかもしれないが、西田は「僕に関してはそこはあまり意識してなかった」と首を横に振った。

「連敗したのは、相手チームの対策や、細かい部分の準備が上回っていたということ。ワンサイドな展開になってしまったウルフドッグスさんとの試合では、ジェイテクトのミスによるところも大きかった。

大事なのは、『何対何』という点数にフォーカスするのではなく、自分たちがやるべきことをやれていたかということ。４連敗中は自分たちで流れを作れませんでしたが、あの負けが起爆剤となって、徐々に調子が上がっていった部分もあると思います」

その言葉どおり、次週の大分三好戦、続く堺ブレイザーズ戦も連勝。チームも西田自身も〝ふっ切れた〟ように見えた。意識していたのは、「練習からチームの雰囲気を変えること」だ。

「サーブ、ブロックの位置、レシーブといった細かいことは、１週間で見違えるように改善することが難しい。６対６のゲーム練習の時に、何を意識して練習するか、を変える必要があると思いました。

無理に『元気を出していこう』というわけではなく、ひとつひとつのプレーについての確認を細かくできるように、よりコミュニケーションを取るようにしました。『今のコンビはすごくよかったけど、試合でも使えるのか』といったところや、（レシーブで）上げられるはずのボールを落としてしまったら、その原因なども共有するなど。そういったことの積み重ねによって、自然と雰囲気はよくなっていくと考えているので」

そうして試合を消化していくうちに、ファイナルステージ進出争いが激しくなっていった。上位６チームが進出できていた２０１９－２０２０シーズンまでとは違って、日程短縮の影響でわずか３チームのみ。ジェイテクトはなかなか上位３チームに届かない４位という〝当落線上〟にいた。

大事な試合が続くプレッシャーについて聞くと、驚きの答えが返ってきた。

「僕は、ほかのチームの結果や順位を見ないんです。見たところで、チームの順位が変わることはありませんから。勝ち続けることだけを考えて、次の試合の相手を研究し、対策を練って練習する。その繰り返しです」

実際に、連敗を止めた大分三好戦後の記者会見で、西田は「これから全部勝てばいい」と笑っていた。

「残り試合や順位を気にしすぎてしまうと、『今の状況では、このチームには絶対に勝たないといけない』となる可能性がありますよね。そうなると無駄な力が入って、精神的、肉体的にも影響が出てしまうかもしれない。思考を止めるわけではありません。楽をする、というか、意識する点を少なくしてそれに集中しやすくするということでしょうか。これについてはいろんな意見があるとは思いますけど、僕にとっては今の考え方が単純でいいんですよね」

ジェイテクトは着実に白星を積み上げていきたいところだったが、下位に苦しんでいたＦＣ東京にストレート負けを喫した。試合後、西田は「練習からやるべきことを、自分も含めてやれていなかった」と自戒の弁を述べた。そんな苦しい戦いが続く中でも、西田はひたすら勝ちを求めて戦った。

〝年上の後輩〟がVリーグデビュー

リーグが再開したばかりの1月、西田有志は〝波乱〟の21回目の誕生日を迎えた。

1月30日にホームゲームを制し、勝利者インタビューでファンに感謝を伝えたジェイテクトのセッター・久保山尚が、マイクを2本持って、コートの隅でストレッチをしていた西田に近づいて1本を手渡した。西田は少し驚いた様子だったが、すぐさま立ち上がって、久保山と共に『ハッピーバースデー』を歌い始めた。

昨年10月、主将である本間隆太の誕生日当日の試合でも、西田は『ハッピーバースデー』を熱唱している。だが、まさか自分の誕生日も自らの歌で祝うという展開は、会場の誰もが予想していなかっただろう。「ハッピーバースデー、ディア○○」と名前を入れる部分で、西田が「ディア、俺〜」とアドリブをきかせると、チームメイト、会場のファンからも笑いが起こった。

プレー時さながらの対応力を見せたが、よもや事前に段取りが決まっていたのだろうか。

「いや、久保山さんが勝利者インタビューの中で、僕のためにひとりで歌ってくれると思っていましたよ。でもマイクを渡してきたので、それを拒否するのも自分のキャラではないかな、とも思って『一緒に歌うしかない』と（笑）」

　そんな形で21歳のスタートを切った西田に、ひとつ年を重ねての目標を尋ねた。

「目標は、年を重ねたことで急に変わるわけではありません。東京五輪が延期になったので、目標のほうが遠ざかってしまった。開催については読めない部分がありますが、とにかくそこに向けてモチベーションを維持していかないといけないですね」

　リーグが終盤戦に差しかかる中、チームには変化があった。2月20日の試合で、ユース代表でポジションを争った、内定選手の宮浦健人（当時：早稲田大4年）がVリーグデビュー。世界大会を制したユース代表時代、オポジットとして活躍した宮浦と、控えだった西田。そこから年月を経て、同じチームに入ってきた1歳上の〝ライバル〟のプレーを西田はどのように見たのか。

「あれだけ間近で宮浦さんのプレーを見たのは久しぶりです。それこそユース以来4年ぶりかな？　あらためてすごい選手だと思いますし、僕のモチベーションも高めてくれる。宮浦さんがVリーグで初めて点を取った時も、それが特別なことではなく、当たり前のことのように感じました。

僕が高校から直接この世界に入ると決めたのも、『同じこと（大学進学）をしていたら宮浦さんに勝てない』と思っていたから。また一緒のチームでプレーできることはうれしいです。宮浦さんはすでにいいパフォーマンスを見せていて、もっと上に行ける選手。切磋琢磨しながら互いを高めていきたいと思います」

コートを離れた時も特別に意識するのかと聞くと、西田は「僕が〝ライバル〟として特別視していると思っている方もいるかもしれませんが、あくまでチームメイトですし、さっぱりしていますよ。プライベートなことも話します。ただ、ユース時代のことは話題にしないですけどね。僕にとって苦い思い出しかないので」と笑顔で答えた。

21歳になった西田を奮い立たせるもの

そうしてチームには新しい選手も加わったが、リーグが佳境になれば選手たちは疲労が蓄積してくる。西田はいつものケアに加えて、風呂に入る時間を長めにするなど工夫したという。ただ、「僕は楽しい時は疲れを忘れられるんですが、今がまさにそうなので、大丈夫です」と話した。

チームはファイナルステージ進出争いの真っ只中だった。その中で感じる「楽しさ」とはなんなのか。

「チーム状況というよりも、バレーボールをやれること自体が楽しいんです。コロナ禍でさまざまな制限はありますが、プレーをさせてもらっていることに幸せを感じます。海外の試合を見る機会も多くなったんですけど、その選手たちからもプレーできる喜びを感じますし、パワーをもらっています」

　さらに西田のパワーの源がもうひとつ。直接受け取ることはできなくなったが、チームに届く手紙や差し入れなどに励まされているという。

「ファンからのメッセージは、できる限り目を通しています。直接受け取れないのは残念ですけど、体育館にもたくさん手紙などが届いているのを見て、本当に多くの方々に支えられていることを再確認しました。その恩は、プレーで返していきたいです」

　西田のファンは海外、男性の割合も高い。日本の男子バレー選手には女性ファンが圧倒的に多くなる傾向にあるため、本当に珍しいケースだ。

「ＳＮＳなどでメッセージを送ってくれるのは、海外のファンのほうが多いかもしれませんね。（男性ファンが多いのは）自分のプレーが男らしすぎるというか、〝いかつい〟からじゃないですか（笑）。いずれにせよ、みなさんプレーの内容をしっかり見てくれていることが多いのでうれしいです」

しかし西田は、「もっと女性からの人気も欲しいですけど（笑）。ウェルカムです」と、ちらりと本音をのぞかせた。

コロナ禍の不安、リーグの状況などを上回る、バレーをすることの楽しさ。感情を隠すことなく、発する言葉やプレーからも常に全力なことが伝わってくる西田の姿に、多くのファンが元気づけられるはずだ。

チームの変化に「鳥肌が立った」瞬間

上位3チームによるファイナルステージに、前シーズン王者の姿はなかった。エースの西田を中心に連覇を目指したジェイテクトはシーズン4位に終わった。

外国人選手やセッターなど、チームは大きく様変わり。さらにコロナ禍によって新外国人フェリペ・フォンテレスの加入が遅れるという不運もあった。

それでも西田は、「まだ優勝常連のチームになれていないということ」と厳しい言葉を口にした。

「シーズンごとにメンバーが変わるのは、どのチームにも共通することです。そこで勝てなくなるのはチーム力が足りないということなので、ほかの選手たちがレベルを上げないといけない。リーグ優勝した実績があることは事実で、そこでやっていたことを再現できるようにしつつ、新しい方向に進化していくことが大事。どれだけ明確なビジョンを持って練習をできるかがカギになると思います」

リーグを制したのは、レギュラーシーズンでも1位だったサントリーサンバーズ。海外リーグから、4シーズンぶりにチームに復帰した柳田将洋は、優勝を決めたあとに歓喜の涙を流した。

西田はサントリーの印象を次のように語る。

「柳田選手、ドミトリー・ムセルスキー選手などが前に来るローテは破壊力がありました。攻撃の選択肢が多く、こちらのブロックが1枚になることも多かった。たとえばフェイントでクロスを絞めたり、次はそのままライン際に跳んでみたり、そんな駆け引きが多かったですね。

サントリーさんは昨年の僕たちと似ていました。勢いがあって、全試合で1点を取るリズムがよかった。バレーの試合では、『ここを取ったらあと2、3点連続で得点できそうだな』と感じる場面、『なんでそこにトスが上がるの？』と自分たちでも理由がわからないけど点が取れる場面もある。セットの中盤で意外なところから得点できると勝負所での布石にもなるんですが、今季のサントリーさんはそんな場面がたくさんあったように感じます」

　さらに、西田はこう続けた。

「外国人選手など特定の選手じゃなくて、全員で得点を重ねられるチームが上位にいきましたね。勝敗にはいろんな要因がありますが、サーブ、ディフェンスからの得点など、連続して得点できる方法がいくつあるかが勝敗を左右する。だから、個々の能力を高めていけば、勝てる可能性はどのチームにもあるということです。それができたら、下位のチームも上位のチームを倒すことができる。それがチームスポーツの面白さですね」

　ジェイテクトの試合の中でも、チームの一体感に西田が「鳥肌が立った」試合があるという。リーグ終盤の3月20日に行なわれた、ＪＴサンダーズ広島との一戦だ。

　その試合はＪＴが2セットを先取し、ジェイテクトは敗色濃厚。そこでチームの空気が悪くなってもおかしくないが、その時は逆によくなっていったという。

「何か特別なきっかけがあったわけではないんですが、第3セットで全選手のモチベーションが変わったのを感じました。ひとりひとりがしっかり役割を果たして、3セットを連取して逆転できた。言葉では表しづらくて、『なんかいいんじゃない?』というのを肌で感じるというか、集中力がどんどん増していきました。ベンチのメンバーを含め、チーム全体で〝ゾーンに入った〟ような試合でしたね」

成長して新たな舞台へ

そんな戦いを重ねる中で、西田個人も成長していった。ケガでの離脱がありながら総得点2位（833得点。日本人選手では1位）という成績も立派だが、1セットあたりのブロック決定本数が、2019－2020シーズンの0・46から0・61へと大幅にアップした。

「助走に入る時の体の向き、空中の動きにどれだけ早く気づいて対応できるか。自分たちのレシーバーがどこにいるのかも確認して、ブロックに跳ぶ前にどんなフェイクを入れるのかといったこともすごく考えました。それでワンタッチを取るなどの場面が増えたので、それだけ相手を観察する力がついたということかな、と思います。

僕はシーズン前に、『今季は技術を高める』と焦点を絞るような目標を立てることはしません。すべてのプレーのベースをリーグで戦えるくらいまで引き上げて、あとはリーグ中に高めていく。このシーズンでは結果的に、ブロックでもっとも成果が出た、という感じです」

西田の成長は、日本代表の強化にもつながる。かねて五輪での頂点を目指し、「そこだけしか見ていない」という西田は、開催日が近づく東京五輪についての思いをこう語った。

「まだまだ開催に向けて難しい状況が続きますが、日にちが近づいてくると、やはり緊張感は高まってきていますね。前年はコロナ禍で試合ができませんでしたが、コンビネーションなど、チームのまとまりという点は心配ありません。今の日本代表は、しっかりとモチベーションを上げられるメンバーばかり。その中でも、『自分が一番』という気持ちで試合に臨もうと思います」

そう意気込みを語った西田は、5月8日の日本代表の紅白戦で右足首を捻挫。決して体調は万全ではないだろう。五輪という憧れの舞台のコートで輝く姿を、多くのファン、西田自身も信じているに違いない。

SPECIAL SET

日本代表セッター・関田誠大の
歴代エース比較

高校時代には柳田将洋、大学時代には石川祐希と共に日本一を経験。日本代表では西田も含めた３人にトスを上げてきた関田誠大が、それぞれの選手としての特長、上げるトスの違いなどを明かした。

撮影／火野千鶴

学生時代から知る柳田、石川との違い

僕が最初に西田のプレーを見たのは、彼がジェイテクトの内定選手として出場した時の試合ですね。僕がパナソニックパンサーズでプレーしていた２０１７－２０１８シーズンのことでしたが、「すごい高校生がいるんだな」と驚きましたよ。

そうしたら、彼もリーグ後に日本代表に選ばれて、今度はチームメイトとして再会しました。コート外では明るくてよくしゃべる、「元気な子」という印象ですね。部屋が一緒

の時などは、音楽を聴いたりとか、いろんなトークをしてワイワイしていました。バレーの話はあんまりしなくて、他愛もない話ばかりだったと思います。

西田の選手としての特長は、なんといってもパワーとジャンプ力。スパイクはもちろん、サーブもエースを取れる威力とスピードがあり、攻撃力が高い。身体能力や技術的なところだけでなく、本当に「１点が欲しい」という時に決めてくれる勝負強さも頼りになります。

僕はリオ五輪があった２０１６年から日本代表に呼んでもらえるようになりましたが、東洋高校時代にチームメイトだったマサ（柳田将洋）、中央大学時代から一緒の（石川）祐希と同じように、代表を背負っていけるアタッカーだと思います。

マサとは小学生の頃からの知り合いで、彼のほうが年齢はひとつ上ですが〝友達〟のような存在です。高校時代には僕が１年生の時、一緒に春高バレーを制して日本一になりました。

高校時代のマサはどんなトスでも決めてくれるので、「メッチャすげえな」と思っていました。ブロックアウトなど技の引き出しが多いだけじゃなく、ハイボールもしっかり打ち切れる。高校生でそんなことができる選手がいるのかという驚きがありましたね。今でも、引き出しの多さと打ち切れる能力はピカイチです。

日本代表で長くキャプテンを務めていましたが、春高を制した時も２年生のキャプテンでチームを引っ張ってくれた。声かけなどコミュニケーションの能力が高くて、プレーする〝背中〟でもチームメイトを鼓舞できる選手です。

そのマサから代表のキャプテンを引き継いだ祐希は、イタリアでシーズンを戦い終えるたびに成長しているのを感じます。リーダーシップだけでなく、フィジカルもそうですね。中央大学に入ってきたばかりの頃は、「すごく線が細いなあ」という印象だったのが、今では体に厚みがあるのがはっきりとわかります。

祐希は機動力が高い選手で、スピードがあるトスを好む印象があります。特にバックアタックが速いんですが、どんなに速くてもしっかりコースに打ち分けられる能力がある。セッターとしては、そのキレを生かせるかがポイント。もちろん高さもありますから、状況によって高いトスも使い分けています。

3人とも、トスがよければどんな相手にも通用する

上げるトスは3人でそれぞれ違いますね。祐希には、先ほども言ったように速いトスと高いトスの使い分け。マサに関しては、少しゆっくりと時間を使う感じです。間を持たせて、選択肢が多い攻撃方法からベストなものを選んでもらう。

そして西田には、トスが速くなりすぎないように心がけています。もちろん速くても彼なら大丈夫ですが、特長であるパワーと高さを最大限に生かせるように、高さがあって、コースを打ち分けられるトスがベストだと思っています。

そういったトスのすり合わせは、練習や試合のたびに話をして確認します。試合の状況によっては、「こういうトスが欲しい」ということを言われることもありますけど、プレーの特長を把握して上げられているとも思うので、そんなに注文をつけられることはありません。

３人の印象に残っているエピソードは……やはり日本代表でのことになりますね。マサは年上ですけど、祐希も先に代表で活躍していて、それを僕が追いかける形になった。だから僕も代表に選ばれて、一緒にコートに立てたことがすごくうれしかったです。春高での優勝や、インカレ優勝とかより、鮮明に記憶に残っています。

西田については、かなり考えたんですが、２０１９年のＷ杯の最終戦（カナダ戦）以上の試合が浮かびませんでした。きっとファンのみなさんも同じシーンを挙げるでしょうから、もっと独自目線の試合を選びたかったところですけど（笑）。最後の連続サービスエースは、それほどにインパクトがデカかった。

３人とも、トスがしっかりしていればどんな相手にも通用するアタッカーです。今後、僕がどれだけの試合で3人にトスを上げられるかはわかりませんが、信頼されるセッターのひとりでありたいと思っています。そのために、僕も成長していかないといけませんね。

関田誠大（せきた・まさひろ）

1993年11月20日生まれ、東京都出身
176cm　セッター
東洋高校時代、1学年上のエース・柳田将洋と共に2010年3月の春高バレーを制し、同校に初の栄冠をもたらした。中央大学3年時には、ルーキーの石川祐希とインカレ日本一を経験。石川には「関田さんのトスが打ちたくて中央大を選んだところもある」とも言わしめた。2016年にパナソニックパンサーズに入団し、2018年に堺ブレイザーズに移籍。日本代表でも2016年から活躍を続けている。

スペシャル対談1

元祖憧れの人・清水邦広

西田がオリンピックを目指すきっかけとなった清水邦広。同じサウスポーのオポジットとして、Vリーグでは対戦相手、日本代表ではポジションを争うチームメイトになった今、互いへの思いを語る。

撮影／縞茉未

※対談はリモートで行ないました。

無警戒の選手からの成長が
すさまじかった

西田　僕が子供の時に見た清水さんのプレーで印象に残っているのが、２００８年の北京五輪なんです。プレーは細かく覚えてないんですけど、とにかく「カッコいいな」って。オリンピックという大会について初めて意識したのも、そこだったと思います。

清水　うれしいね。選手としては、プレーを見て子供たちに夢を持ってもらいたいと思っているし。ちょうど今の西田と同じ21歳で、チームの最年少だったな。

西田　２０１５年のW杯はもっと鮮明に覚えてますよ。同じサウスポーで、「ブロックをかわすには、こう打つんだ」とか、技術的なところを参考にしていました。明確に「日本代表でやってみたいな」と思うようになりましたし、今につながっています。

清水　そのW杯までは、「日本の男子バレーは低迷している」「世界に勝てない」と言われ続けていたからね。順位は6位だったけど、その大会から徐々に、世界と戦っていけるチームになっていったと思う。

西田　逆に、僕のプレーを初めて見たのはいつですか？

清水　（２０１７－２０１８シーズンの）レギュラーラウンド終盤で初めて戦った時かな。まだ高校生だったこともあって、そこまで警戒してなかった気がする。「小柄だけど、よく跳ぶなぁ」っていうくらいで印象も薄かった。でも、そこから試合を重ねていくごとの成長がものすごかったね。

西田　僕は、どんな試合内容だったかも思い出せません（笑）。高校生でVリーグを戦うことに精一杯で。清水さんや、パナソニックの選手たちと対戦できるうれしさだけが頭の片隅に残っている感じです。

清水　そのシーズンは、ファイナル6（JTサンダーズ戦）で右膝を大ケガした苦い記憶が……。

西田　それを知ったのは清水さんのツイッターでした。自分も何かを〝失った〟感じがしましたよ。同じサウスポーの先輩オポジットとして、プレーを見て学びたいと思っていましたから。

清水　その手術とリハビリで入院している時に、日本代表でプレーする西田を見たんだよね。そこで「すげーな」と思ったよ。明確に、1試合ごとに成長していたから。

初めての会話はお風呂場。「あんなに気を使ったのは初めて」

西田　清水さんがJISS（国立スポーツ科学センター）でリハビリをしている時期に、少しだけ話をしましたよね。リハビリのあと、清水さんがナショナルトレーニングセンターに来て。

清水　あぁ、そうだったね。日本代表の合宿中でしょ？

西田　そうです。僕は福澤（達哉：パナソニックパンサーズ）さんと同部屋で、一緒にお風呂に行ったら清水さんがいて。僕が緊張しちゃって、福澤さんに「一緒に入って大丈夫ですかね？」って聞いたんです。

清水　何が心配だったの？

西田　目標にしていた人と、いきなり話をするような仲になっていいのかと。人と話をする時に、あんなに気を使ったのは初めてでした（笑）。

清水　そういえば、福澤が西田をからかっていたよね（笑）。「清水は怖いからちゃんとしろよ」って脅していた気がする。

西田　ひどいっすよね（笑）。それもあって、何を話したかはまったく覚えてないです。

清水　その年の日本代表で接点があったのはそのくらいで、一緒に試合に出たのは翌年（2019年8月）のカナダ戦かな？

西田　そうですね。あの親善試合で目の前でプレーが見られた時は、自分のことのようにうれしかったです。

清水　その時はもう、西田の爆発力が日本代表の大きな武器になっていたな。合宿のオフには柳田とか何人かで一緒に食事に行ったよね。

西田　清水さんと同部屋にもなりましたけど、バレーの話はまったくしませんでしたね。

清水　切り替えだよね。いつもバレーのこと考えちゃうとストレスが溜まっちゃうし。好きな女の子のタイプとか聞いたっけ？

西田　そんなことは絶対に話してません（笑）。そのくらい他愛のない話だったとは思いますけど。

コートで実感したサーブの威力

西田　これは僕のＹｏｕＴｕｂｅチャンネルでも話したんですが、２０１９年のW杯最終戦、それもカナダ戦ですけど、清水さんがスタメンですごく調子がよかったですよね。僕はベンチで見ていて、「あんな大きいケガから、ここまでパフォーマンスが戻せるのか」と感動しました。

清水　あれだけ多くのファンの方たちに応援してもらえて、俺自身も気持ちが乗った感があるよ。チームも4位になれたし、「日本の男子バレー、強いじゃん」って思ってもらえた大会になったと思う。

西田　フルセットで、最後は僕が持っていった感じですが（笑）。

清水　そうね（笑）。連続サービスエースで、勝って終われてよかったよ。同じポジションだけど、あの時は一緒に出られたんだよね。同じコートで西田のサーブを見て、あらためてその威力を実感できた。「サーブだけで試合をひっくり返す力があるな」と。

西田　そのあとのVリーグでは、同じ日本代表のサウスポーのオポジットとして、密かに清水さんを意識していました。ただ、試合になったらその意識も吹っ飛んでいますけどね。２０１９―２０２０シーズンは最後までパナソニックさんと優勝を争って、それに勝ててしばらく経ったあとに、ようやく充実感を味わうことができました。

清水　ファイナルでは西田のこともしっかりマークしていたんだけどね。あの負けはすごく悔しかったよ。そこまでずっと勝っていたし、自分の力不足も感じたし。キャリアの中でも、かなり悔しい負けだった。「もっと成長しないといけない」と思った試合だったな。

西田　この流れでアレなんですが……僕がもっと成長するために何かアドバイスってないですか?

清水　ないよ（笑）。

西田　何かくださいよ（笑）。

清水　褒めるところはいっぱいあるけどね。しっかり努力できるし、こちらのアドバイスが追いつかないくらい本当に成長スピードが早いんだよ。俺が見てきた選手の中で成長スピードは一番じゃないかな?　今バレーをやっている学生とかも、年代が近い西田の活躍は大きな希望になっていると思う。俺と西田はプレーのタイプも違うから、試合の時にはうまく互いの特長を生かせるようにしたいな。

海外に行ったら「石川より活躍できる」

清水　東京五輪が近づいてきているけど、どんな感じ?

西田　今回の話をしている時点では、最終メンバーの12人も誰になるかはわからないですけどね。もし出られたら、僕にとっては初めての舞台ですけど、絶対に負けたくない。そのための技術や戦術をしっかり準備したいです。

清水　俺から見れば、西田が今持っているものをそのまま発揮できたら、十分にやれると思うよ。世界でも5本の指に入る選手だと思っているから。ケガは十分にケアしてパフォーマンスを上げていってほしいね。

西田　いろいろな経験をしてきた清水さんのような選手がいたら心強いです。2021年度の代表選手の中で、五輪に出場したことがあるのは清水さんと福澤さんだけですし、イメージだけでもしっかりできるようにたくさん話を聞きたいです。

清水　オリンピックが無事に東京で開催できたら、すごく意義のあることだね。いろいろ厳しい状況だからこそ、バレーだけじゃなくて、スポーツが力になれることがあるだろうから。自分のためでもあるけど、日本全体に元気を与えるためにも頑張りたいな。ちなみに、その先のこととか考えてる？　たとえば海外でのプレーとか。

西田　いや、まだ具体的には……。ぼんやりとですね。

清水　石川（祐希）も大学生の頃からイタリアのセリエAでプレーしたように、若いうちからそういうことを視野に入れるのはいいことだと思うよ。それこそ、若い選手たちの希望になるはず。俺はずっとパナソニックでプレーしてきたけど、西田には海外でプレーする選手が増えるきっかけを作ってほしいね。

西田　僕にとっては、まさに祐希さんとかがそれに当たります。その成長も間近で感じていますし、環境を変えることは新たな進化につながるんでしょうね。

清水　俺の見立てでは、西田は石川より活躍できると思うよ（笑）。

西田　なんで、今の時点でそんな大きすぎるプレッシャーをかけるんですか（笑）。

清水　それだけ期待が高いってこと。俺自身も、海外のプレー含めていろんな選択肢を考えていきたい。日本バレー界のために一緒に頑張っていこう。

西田　わかりました！

清水邦広（しみず・くにひろ）

1986年8月11日生まれ、福井県出身
192cm　オポジット
東海大学1年時から日本代表に選出され、2008年北京五輪に出場。翌年4月にパナソニックパンサーズ入団。ケガを重ねながらも数々のタイトルを獲得し、2019−2020シーズンにはVリーグ通算得点数記録を更新するなど主力選手としてチームを牽引。日本代表でもサウスポーエースとして長く活躍を続けている。

スペシャル対談2

親しきエース・柳田将洋

西田にとっては頼れる存在であり、海外でのプレー経験が豊富な〝教科書〟でもある柳田将洋。選手自身によるSNS発信なども積極的に行なう2人が、プレーだけでなく、バレー界の未来まで語り合った。

撮影／縞茉未

※対談はリモートで行ないました。

大物になるか、
ただの生意気な奴で終わる

西田　マサさん、僕と初めて会った時のことって覚えてますか？

柳田　２０１８年の代表合宿だよね？（鹿児島県）薩摩川内の。俺の印象ってどうだった？

西田　最初は、「テレビで見てた選手や！」って感じです（笑）。直に話せるのがうれしくて。そういう環境でプレーできるようになったんだな、としみじみした記憶があります。マサさんは「まんま」な人でした。

柳田　え、どういうこと？

西田　映像で見ている時から「今の自分では行きつかない、いろんなことを考えながらプレーしているんだろうな」と思っていたんですけど、「やっぱそうなんや」と確信を得たというか。そこから今までいろんな話をして、それが僕の成長に大きく影響していると思います。逆に、僕はどう見られていたんですかね？

柳田　俺はドイツリーグが終わってから少しあとに合流したけど、事前に「高校生でVリーグデビューした選手がいる」と聞いて気になってたよ。実際に会った時は……代表1年目の選手の態度じゃないなとは思ったかな（笑）。「何年か代表でやってたっけ？」っていう感じ。今では代表でも風格が出てきたけど、その片《へん》鱗《りん》をすでに見せていたね。

西田　そうでしたかね（笑）。

柳田　合宿のオフに、選手４人くらいで出かけたのを覚えてる？

西田　あぁ、覚えてます！

柳田　その時すでに、藤井（直伸：東レアローズ）さんにタメ口だったじゃん（笑）。それを見て、「たくましいな」と思ったよ。

西田　あの時は、まだマサさんには壁を感じてたんですよ。

柳田　俺はあえて作ってたね。「どういう人間なんだろう」って探りたかったから。その観察の結果、「こいつは大物になるか、ただの生意気な奴で終わるかのどっちかだな」と（笑）。ちゃんと前者になってよかったよ。

西田　とりあえず一緒にプレーすれば、一気に壁がなくなる感じなんですよね（笑）。

柳田　基準がすごいな（笑）。でも、大会のインタビューとかはしっかり敬語で答えてたし、安心した覚えがあるな。マイクを向けられるまでは、俺のほうが心配でドキドキしてたから。俺が代表１年目の時は、先輩たちとの距離の取り方も探り探りなところがあったね。西田にはまったくそんなところがなかった。裏表がなくて、誰と接するにも温度差がないというのはいいことだと思うよ。自然にコミュニケーションを取れて、チームにも早くなじめてたし。だから、代表でもすぐに活躍できたんじゃないかな。

西田　いい感じに言ってくれてありがとうございます（笑）。

初めて〝敵〟として対峙したワクワク

柳田　実際、やんちゃなのはプレーだけだしね。練習もすごいまじめにやるし。

西田　先輩たちはみなさんそうでしたけど、特にマサさんは、こっちの話を親身になって聞いてくれるから、甘えちゃうところはあると思います。

柳田　今は後輩の選手と一緒にやることも多くなってるけど、その選手にも自分から声をかけてサポートしてるよね。18歳の時から見ている身としては、「成長したなぁ」と思うよ。

西田　それは僕がやってもらっていたことですから。ちょっとガラにない感じですけど（笑）。

柳田　チームのことをより考える、いい転換期なのかもね。まだ21歳で、失敗もあるかもしれないけど、チームをまとめようと意識することで成長するだろうから。

西田　やっぱりマサさんは冷静に見てますよね。僕はいきすぎちゃうから、その冷静さがほしいです。

柳田　いや、そう見せてるだけだよ（笑）。

西田　２０２０年にはマサさんがVリーグに帰ってきて、初めて〝敵〟として戦いましたけど、まったくどうなるか読めなくて楽しかったです。僕はだいぶ気合が入っていました。

柳田　俺もだよ。ジェイテクトＳＴＩＮＧＳはディフェンディング王者で、その中心選手が西田だったわけだから。「プレッシャーかけなきゃ」と、ワクワクしてやっていた。

西田　合同でやったインスタライブ（２０２０年５月５日）では「（サーブで）狙います」と言ったと思うんですけど、そんな余裕なかったですね。対チーム、「サントリーさんに勝ちたい」という一心でした。（２０２０年11月の）１試合目に、ファイナルセットでマサさんとマッチアップした時は、いろんな駆け引きをしたのを覚えています。たとえば僕がブロックする時は、「マサさんなら、このエリアまで打てるな」とか。

柳田　刺激的な時間だったね。サーブを受けた時は、すごさが身に染みてわかったよ。ベストサーバー賞とか結果にも表れているし、日本で一、二を争うサーバーだね。

西田　ありがとうございます。僕はジェイテクトではレシーブをしないですけど、チームメイトが受けるマサさんのサーブは重くて、速くて、鋭かったそうです。戦っていて嫌でした。

柳田　恐縮です（笑）。ほかのプレーでいうと、西田のスパイクはけっこう観察しているよ。利き手は違うけど、「どう打っているんだろう」って参考になる。

西田　そう見てくれていたのは、僕もうれしいです。

バレーボールの現状をオープンに

西田　インスタライブの話が出ましたけど、あの時は緊急事態宣言中だったのに、けっこうファンの反響がありましたね。

柳田　むしろ、みんな家から出られなくて、あらゆるスポーツの動きも止まっていたから、気にして見に来てくれたのかもしれないね。ポジティブな反応が多かったし、ずっと西田とは「一緒に何かできないか」と言っていたけど、やってよかったよ。

西田　本当にそうですね。今はインターネットでバレーを見てくれている人も多いですし。確か、1万４０００人くらい視聴してくれたのかな？

柳田　うれしいね。俺は個人のサポーターズクラブでも動画を配信しているけど、バレーボール界では選手が発信することがまだ珍しい。立場によって話せる内容は変わるだろうけど、バレーボール界の現状をオープンにしていくことは今後も続けていきたいね。

西田　僕もＹｏｕＴｕｂｅチャンネルで配信を始めたんですが、あまりいろんなことに手を出さず、バレーのことを中心にやっていこうと思っています。普段、自分が取り組んでいることを伝えていって、それ以外のことは必要だと思った時にやる。プレーに悪い影響が出ない程度にやれたらと思います。

柳田　自分がやってきたことについて知ってもらうのは大事だと思う。バレーのスキルとかもそうだけど、キャリアの中で取った行動や選択の理由も自分の言葉で説明したいよね。将来アスリートになりたい若い人たち、まったくスポーツに関わりがない人たちにも、何かしら参考になったらいいな。最初に２人でコラボしてやった時は……内容とかどうやって決めたんだっけ？（笑）

西田　電話かＬＩＮＥで「とりあえずやろう」ってなったかと（笑）。それで当日も、あまりテーマを決めないで、お互いのことをざっくばらんに話していって。

柳田　そうそう、思い出した（笑）。応援してくれている方たちに対して、ありのままを話して安心してもらう意味合いもあったね。俺と西田が自粛中にやっていることを知って、「じゃあ私もそうしてみよう」と思ってくれた人がいたならうれしい。

西田　普段の会話を発信したような感じでしたね。海外リーグでのプレーとかも、これまでに何度も聞かせてもらっていましたし。

柳田　西田は興味を持っていろいろ聞いてくれるから、インスタライブでも話が広がっていったね。リラックスした会話ができて、いい時間だったよ。

海外リーグでの戦い方

柳田　でも、海外でプレーするビジョンとか、西田はかなり具体的にイメージできている印象があるな。俺も３シーズン、ドイツとポーランドのリーグでプレーしたけど、西田も何年か海外リーグにいる選手みたい（笑）。日本代表でも海外でプレーすることがあるから、そういうところからも学ぶことが多いんだろうけどね。言語については、ＹｏｕＴｕｂｅで勉強したって話もしたかな？

西田　しましたね。それぞれに合った覚え方があるって。僕もＹｏｕＴｕｂｅの動画で勉強しています。

柳田　俺の場合は、がっつりインプットしたい時は、授業形式のチャンネルを見てたな。しっかり説明してくれるやつ。

西田　ほかにやることがあって聞き流しているだけでも、やるとやらないのでは大きな差がありますね。耳が慣れてくるというか。あと、マサさんには、日本とは違うプロリーグでプレーする厳しさも聞きましたよね。プレーできる環境が保証されていない中で、どう立ち位置を確立していくのかとか。僕も将来、海外のリーグでプレーすることがあるかもしれないですけど、事前に〝リアル〟な声が聞けたのはすごく参考になりました。

柳田　試合ごとの長いバス移動とか、移籍とか、試合間隔とかもね。Ｖリーグとはいろいろ違う部分があるから。もし、西田が海外のリーグでプレーすることになったら、個人の成績にこだわってほしいな。これは俺個人の考えなんだけど、チームが勝つことは、それぞれの選手たちが存分に力を発揮した先にあると思うから。イタリアやロシアではまた違う可能性もあるけど、そういう意識でやっている選手が多いと思う。

西田　海外リーグのチームは、いろんな国籍の選手が集まっていますからね。各国の高い才能を持った〝個〟が集結しているイメージがあります。僕もそういうところでやる場合は、タイトルを争えるような選手になりたいです。

柳田　慣れるまではリーグの下位のチームで、ひとりだけ爆発的な成績を残すという考え方もあるね。翌年の契約ということを考えると、チームの調子が悪くても、個人の成績がいいと有利になる。俺も海外挑戦1年目はそれを意識してたかな。西田が持っているポテンシャルを発揮できたら、強いチームへとステップアップしていけるのは間違いない。チームメイトと切磋琢磨して、世界でも有数のプレーヤーになれると思う。

西田　ありがとうございます。数字の評価は万国共通だと思うので、そこは重視していこうと思います。

柳田　環境が大きく変わる中で、100％に近いパフォーマンスを維持することは本当に大変。でも、西田ならそれを乗り越えられるはず。気が早いかもだけど、俺は勝手に期待してるよ（笑）。いろんな新しいことにも取り組んでいるし、そういった面でもバレー界を引っ張っていく存在になっていってほしい。俺も何か力になれたらうれしいね。

西田　心強いです！　マサさんの力も借りて頑張ります。

柳田将洋（やなぎだ・まさひろ）

1992年7月6日生まれ、東京都出身
186cm　アウトサイドヒッター
東洋高校時代に主将として春高バレーを制覇。2013年、慶應義塾大学３年時に日本代表に初選出。2018年から３年間、主将を務めた。サントリーサンバーズには2015年４月に入団し、2017年４月からはドイツとポーランドのリーグで３年間プレーする。2020年にサントリーに復帰すると、チームの14シーズンぶりのリーグ優勝に貢献した。

西田 有志
NISHIDA YUJI

2000年1月30日生まれ、三重県出身。海星高校3年時の2018年1月、ジェイテクトSTINGSの内定選手としてVリーグデビュー。入団2年目の2019－2020シーズンはリーグMVPに輝く活躍でチームを初優勝に導いた。日本代表には2018年に初招集され、翌年のW杯では「ベストサーバー」と「ベストオポジット」を受賞。代表の若きエースとして世界に名を広めた。

※本稿は、2020年6月から『web Sportiva』で掲載された
連載コラム『がむしゃらバレーボールLIFE』の内容に、加筆修正をしたものです。

撮　影　立松尚積（p2～p8、p177～p183）
構　成　中西美雁
スタイリスト　久保コウヘイ
ヘア&メイク　八戸亜季子
衣　装　ARMANI（p177～p183）
ブックデザイナー　三村漢　大貫茜（niwa no niwa）
スペシャルサンクス　古舘春一
池田亮太（週刊少年ジャンプ編集部）

出版協力　株式会社FIELD OF DREAMS　ジェイテクトSTINGS
パナソニックパンサーズ　サントリーサンバーズ
株式会社アミューズ
合同会社ハーミットクラブ　GYMNASTION
西田徳美　西田美保　井石進也　林 智博

編　集　和田哲也　小澤正直

エースの翔道

2021年7月20日　第1刷発行
2021年9月12日　第2刷発行

著　者　西田有志
発行者　安藤拓朗
発行所　株式会社 集英社
〒101-8050 東京都千代田区一ツ橋2-5-10
電話 編集部 03-3230-6206
販売部 03-3230-6393（書店専用）
読者係 03-3230-6080
印刷所　凸版印刷株式会社
製本所　株式会社ブックアート

ISBN978-4-08-790045-3 C0075

※西田選手(右)が愛読するマンガ『ハイキュー!!』で好きなキャラクター、田中龍之介と